Ageless Beauty
the French Way
Secrets from three generations of French beauty editors
By Clémence von Mueffling

フランス式
美の流儀

クレマンス・フォン・ミフリング〈著〉　春田純子〈訳〉

サンマーク出版

写真家アーヴィング・ペンが撮影した、祖母レジーヌ・ディブリー。
アーヴィング・ペンの写真がフランス版『ヴォーグ』の表紙を飾ったのは、このときが初めて。

フランスの写真家ジャン=ダニエル・ロリューが撮影した、母ロレーヌ・ボローレ。

著者クレマンス・フォン・ミフリング。撮影はパメラ・ベルコビッチ。

Introduction

はじめに

美しさは、万物を変貌《へんぼう》させる真の魔法。

――ジャン・ドルメソン『ギッドゥデイガー』より

三代にわたり受け継がれてきた「美の流儀」

「わたしは化粧瓶の中で生まれたの」わたしはよく冗談で、こう言います。

母と祖母は、フランス版『ヴォーグ』のビューティエディターでした。美しさとは、自分自身を大切にケアする姿勢。わたしは、母と祖母から、そんなフランス流の英才教育を受けて育ってきたのです。

母と祖母は、自立した女性のロールモデルだっただけでなく、あらゆる年代の女性に対して、年齢に応じて役に立つ化粧品やケア法を伝えることに人生を捧げました。

わたしは、幼いころ、クリスマスを心待ちにしていました。母のもとに次から次へとすてきなプレゼントが届くからです。ビューティジャーナリストである母に気に入ってもらおうと、一流のブランドが選りすぐりの新製品を贈ってくるのです。

ロレアルから毎年送られてきた魔法の箱《ボワットマジィク》のことは今でも忘れられません。大きなハットボックスのような円筒形の箱には、香水、化粧クリーム、コスメの新製品がいっぱい詰まっていました。姉とわたしは、わくわくしながら箱をあけ、われ先にと中にある製品を試してみたものです。

母の職場の『ヴォーグ』編集部に連れていってもらえると、うれしくてしかたありませんでした。母の席に座り、コスメが並ぶ棚をながめ、新製品のリップを試してみたり、母の同僚たちがきびきびと仕事をこなす姿に見入ったりしていました。

「スキンケアは若いときからはじめるべし」というのが、母と祖母の信条でした。「夜寝る前の正しい洗顔法」を母から指導された日のことを覚えています。当時、わたしはまだ13歳でした。

英語力のブラッシュアップのためにアメリカでサマーキャンプに参加したときには、母からエスティ ローダーの香水とリーラックのクリーム、クラランスのボディローションを持たされました。わたしがシャワーのあと、リーラックのクリームを腿《もも》に塗っているのを見たときのルームメイトの驚いた顔といったら!

さらに、ローションを両脚に塗りはじめると、ルームメイトはますます目を丸くしました。その若さで「美」の儀式をはじめていることが信じられなかったのでしょう。でも、すぐに彼女たちもわたしのしている方法を知りたがりました。

「美の最前線」で活躍しつづけた母と祖母

わたしの母ロレーヌ・ボローレは、１９６９年のアメリカ版『ヴォーグ』のオートクチュールコレクションで写真の撮影アシスタントを務めたのをきっかけに、この世界に入りました。

母は、祖母と同じくスーザン・トレインの厳しい指導を受けて経験を積みました。スーザンは当時、ダイアナ・ヴリーランドが編集長を務めるアメリカ版『ヴォーグ』のパリ駐在記者でした。母はその後、イヴオブローマのコスメ部門で働いたあと、フランス版『ヴォーグ』に移り、カリスマ編集長ロベール・カイユの下でアシスタント・ビューティエディターに、１９７９年にはビューティ部門の編集長になります。

母は、毎年フランスのフレグランス分野でもっとも活躍したビューティジャーナリストに贈られる〈ジャスミン賞〉を二度受賞し、キャリア全盛期の１９９０年代はじめに一線を退きました。

祖母のレジーヌ・ディブリーは、娘だけでなく、孫娘であるわたしたちにも完璧な身だしなみを求めました。

「リンメルのマスカラと仲良くなりなさい」などとよく言われました。最低限でもマスカラはしなさい、ということなのでしょう。気取らない日曜日のディナーですら、祖母からはしっかりメイクをしなさいと言われたものです。マスカラもしないでテーブルにつくなんてありえないというわけです。

祖母レジーヌは、1947年、17歳でモデルの仕事をはじめました。最初の仕事では、フランス版『ヴォーグ』のカメラマン、アリク・ネポが撮影してくれたそうです。

その3年後の1950年10月、当時注目のカメラマン、あのアーヴィング・ペンによって、祖母は『ヴォーグ』の表紙デビューを果たします。

1951年7月刊行の『ヴォーグ』の表紙では、ファッションフォトグラファーのヘンリー・クラークとも仕事をしました。1957年にスーザン・トレインの指導のもとでアメリカ版『ヴォーグ』の仕事をはじめ、その後パリのフランス版『ヴォーグ』のチームに加わります。

祖母にとっても母にとっても、スキンケアとビューティの仕事は人生そのものでした。わたしも彼女たちの後に続いて美容業界で働こうと、心に決めていました。

人生を謳歌している人の顔は美しい

パリからニューヨークに移り住み、フランス女性は「美と健康は切っても切れない関係にある」と考えている一方、アメリカ女性はそうではないとわかりました。

その溝を埋める架け橋になりたいという気持ちが原動力となり、わたしは2014年、オンラインマガジン《ビューティ&ウェルビーイング（BWB）》を立ち上げます。世界じゅうの女性が健康的でバランスのよいライフスタイルで暮らす手助けができればと考えたのです。

スキンケアはただ「高価なクリーム」を使えばいいというものではありません。「睡眠」がしっかりとれていないと見た目もベストな状態にはけっしてならないでしょうし、「健康的な食生活」をしていなければ肌も輝きません。「楽しい人生」を送り、その瞬間、瞬間を謳歌《ジョワドゥヴィーブル》していなければ、それはおのずとあなたの顔にも表れるでしょう。

「美しさと健やかさ」とは、ありのままのあなたを受け入れ、自分が持っているものを最大限活かすことにほかなりません。

わたしがいつもオンラインマガジンで読者に伝えているのは、「日々のルーティンを少し変えるだけで幸せになる」ということなのです。

オンラインマガジン《ビューティ&ウェルビーイング（BWB）》で扱うのは、変化をもたらすメイクのトレンドやコスメ商品から、栄養やエクササイズや料理レシピ、専門家のプロフィールまで、あらゆる分野に及びます。

20代から60代、さらにそれ以上の年代に向けて発信する《BWB》は、出版業界のパイオニアだと考えています。「バランスのとれた美しさや幸せに、年齢という壁はない」というのが、わたしたちの信念です。

この本では、そうしたわたしたちの使命をさらに広げて、フランスの美の専門家である母娘が三代にわたって学んできたことを、みなさんと分かちあいたいと思っています。

あなたもこの本を読めば、これから先、年齢を重ねていくのが楽しみになるでしょう。母や祖母を見ていれば、この先なにがわたしたちを待ち受けているのかわかります。彼女たちがいまもそばでわたしを導いてくれることに感謝するばかりです。

わたしはまた、ジャーナリストとして、ワールドクラスの専門家による情報にもアンテナをはりめぐらせてきました。その経験から、この本では肌や髪の効果的なお手入れ方法や最新のスキンケア製品やコスメをご紹介します。

また、フランスの女性たちがベストな自分を演出するために、そうした情報をどのように活用しているか（ときには手も抜きますが！）をお教えしましょう。

「年齢による変化をできるだけ抑え、問題が起こる前に予防する」というのがフランス人の美に対する姿勢です。自分自身をしっかりケアし、星の数ほどある選択肢を上手に使いこなすことが、今のあなたに、そしてこれからのあなたに大切なこと。

「これからはどんな世代も昔より若くいられるようになります。生活環境が改善され、長生きできるからです」と、ロレアル・リサーチ&イノベーションのグローバルディレクター、オディール・モーエンは言います。

また本書では、「いくつになっても、肌のお手入れ方法や健康法は変えられる」というフランス的な考え方をお伝えしていきます。

三世代に向けたビューティ・バイブル

本書では、フランスの女優やモデル、セレブな女性たちを顧客に持つエキスパート――フェイシャリスト、皮膚科専門医、形成外科医、メイクアップアーティスト、ヘアスタイリスト、ネイリスト――の、伝統的な手法から最先端のテクノロジーを駆使した技術まで、その超一流のテクニックをご紹介します。

美容についての最新情報とビューティエキスパートたちの貴重な知識がここに集められているのです。実用的でいて、フランスのエスプリがきいたアドバイスの数々をご覧ください。

Part 1「三世代からのフレンチビューティ・アドバイス」では、フランス人である祖母、母、わたしが美に対してどんな考えのもとに生きてきたかをお話しします。
Part 2「フランス式　フェイスケア」では、はじめにクレンジングをとりあげ、医者に頼らずに自分でできるアンチエイジングの秘訣とともに、効果的なスキンケアの仕方をご紹介します。

ここでは、女性を「三世代」に分けています。

20歳から34歳の「ジュネス jeunesse」（若年）、35歳から54歳の「プレニテュード plénitude」（壮年）、そして55歳以上の女性の「マテュリテ maturité」（熟年）です。

20代のスキンケアをいつまでも続けることはできません。年齢に応じて、使用するものもその使用法も変えていく必要があるのです。

賢い消費者なら、コスメの広告写真が画像処理されていることくらいご存じでしょう。それでも商品の選択肢がありすぎて、どれを選んでいいのか迷ってばかり。

そんなときには、魅力的な人たちと仕事をしてきた祖母や母の「記憶」という名の蓄積データが役に立つことでしょう。年齢を重ねた女性のためのスキンケア製品や彼女たちの実体験にもとづくお手入れ方法も参考になるでしょう。

本書では、わたしたち母娘やインタビューした専門家たちが「フランス式」に選んだ製品やブランドを紹介していきます。

わたしたちはビューティエディターとして、長い間たくさんの製品を試し、研究してきました。そのなかで、わたしが〈グランクラシーク（昔ながらの定番）〉と呼び、自信をもってオススメできる製品をできるだけ掲載しました。このなかから、あなたにぴったりな製品が見つかることを願っています。

Part 3の「フランス式　ボディケア」でも、同じように三世代にわたるビューティエディターの知識を紹介します。

Part 4の「フランス式　ヘアケア」では、髪のケアの仕方を伝授。世界でも屈指のフランス人カリスマスタイリストによるアドバイスや最新情報、そして、あなたにもすぐにできるお手入れ法を紹介します。

そしてPart 5「フランス式　生活習慣」では、各分野の専門家とともにわたしが見いだした食事や運動、エクササイズ、睡眠のとっておきの秘訣を紹介します。どれも、健康に、ひいては肌の美しさにつながるものばかり。

最後に、フランス人が愛してやまない香水についてもお話しします。

いくつからでもきれいになれる

わたしがワクワクしながらフランスの有名なビューティスペシャリストたちにインタビューをしたときのように、みなさんにもこの本を楽しみながら読んでもらえたらと思います。そんなスペシャリストたちのアドバイスを紹介できるのは、とてもうれしいことです。

この本は年齢に関係なくいつまでも「ビューティ・バイブル」として手元に置いてほしい一冊です。世代を超えたアドバイスは、25歳のあなたにも、あなたが70歳になったときにも、きっと役に立ちます。

今、しっかりしたスキンケアの基本を身につけて実行すれば、それが未来のあなたのためにもなるのです。祖母や母の肌の美しさには目を見張るものがありますが、それは「毎日のお手入れ」をおろそかにしないからでしょう。直射日光を避け、手が届くかぎり最高の製品を使い、フェイシャルマッサージを欠かさず、地元のビューティサロンにまめに足を運んでいる結果なのです。

祖母はよくこう言います。「いくつになっても学べるし、いくつからでもきれいになれる」と。

かつて祖母がわたしにしてくれたように、わたしもお気に入りのビューティグッズ——香水のサンプルボトルやかわいらしいリップクリーム、新品のメイク用ブラシなど——をしまった「秘密の引き出し」を娘のために用意しています。娘にとっては、秘密の宝箱になるはずです。わたしがメイクをする横で、娘もそのメイク用ブラシを手にとり、わたしの真似をするのです。母と娘がいっしょに楽しめるかけがえのない時間です。

では、お読みください《ボンヌレクテュール》！　さあ、美のレッスンをはじめましょう。

クレマンス・フォン・ミフリング

フランス式　美の流儀

もくじ

Part 2 フランス式 フェイスケア

Chapter 2 いくつになっても輝く肌で

Chapter
3
毎日のルーティンで潤いを保つ

Chapter 4

サンケアとトラベルケア

Chapter 5

医療行為に頼らずに若々しい肌を保つ方法

Chapter
6
フランス式 メイク術

Part 3 フランス式 ボディケア

Chapter 7 ボディケアについて、エキスパートからのアドバイス

Part 4 フランス式 ヘアケア

Chapter 8 いくつになっても美しい髪で

Part 5 フランス式　生活習慣

Chapter 9

フランス式　健やかさの4つの柱

Chapter
10
ようこそ、香水の世界へ

Part

1

三世代からの
フレンチビューティ・アドバイス

Franc Beauty Ritual from Three Generations

Chapter

1

年齢に縛られない

ありのままの自分でいると
決めた瞬間から
あなたは美しくなる

——ココ・シャネル

「あこがれ」が自分をつくる

わたしはパリに生まれ、姉や兄とともに、古きよき伝統を受け継ぐ環境で育ちました。両親ともに仕事をしていたので、父、母、両方の祖父母から大きな影響を受けたことは、とてもラッキーだったと思います。

母方の祖母レジーヌはよく、わたしを学校に迎えに来てくれました。そのときの祖母の颯爽《さっそう》とした姿がいまでも目に浮かびます。

エレガントなタートルネックのカシミアセーターに美しいブローチ。夏には上品なブラウスに同じ色のクリップ・イヤリングを合わせていました。祖母は、外出するときにはかならず、真っ赤な口紅をつけていたので、そのたびにハグされたわたしの頬《ほお》には美しいキス・マークがつくことに……。そういえば、車のなかにはいつも祖母のお気に入りのフレグランスの香りが漂っていましたっけ。

放課後、おしゃれなパティスリー《カレット》でブリオッシュやチョコレート・エクレアを買って、いっしょに祖母の家に帰るのが楽しみでした。

そんな日々のなかでも、とくに刺激的だったのは、フランス版『ヴォーグ』で働く母の仕事場を訪ねること。コスメや香水に夢中な少女にとって、それはまるで魔法のじゅうたんに乗って、ワクワクしながら洞窟探検に向かうようなものでした。

母はときどき夜に出かけていましたが、準備をする母の姿を、姉といっしょにじっと見ていたものです。母はいつもあざやかな手つきでメイクをし、まるで美容師さんのようにヘアカーラーを次々と髪に巻きつけていました（そんなこと、いまだにわたしにはできません！）。コスチュームが決まると、香水のコレクションをながめ、その夜の気分にもっともふさわしい香りを選びます。

いつもとてもよい香りがしていた母。そんな母から、自分の直感を信じること、つねに新たなチャレンジをすることがいかに大切かを教わった気がします。

フランス人はいつも「ファルマシー」に行く

わたしが10代になって肌のことを気にしはじめると、母はわたしを地元の薬局《ファルマシー》に連れていってくれました。そこで、ニキビや正しい洗顔方法について教えてもらったのです。

そのころ、『クリュブ・デ・クレアテュール・ドゥ・ボーテ』のカタログで見つけた、アニエスベーの人気のファンデーション〈アンベリスール・アプリコ〉をお小遣いを貯めて買ったこともあります。そのカタログには、メイクからスキンケアまで、ニキビのできやすい10代の肌向けの商品がずらりと並んでいました。

そういえば、当時のわたしや友人たちのあこがれの的は、売れっ子のトップモデルのレティシア・カスタでしたっけ。パリに〈ザ・ボディショップ〉の第一号店ができると、わたしたちは胸をおどらせました。フランスの女の子にとって〈ザ・ボディショップ〉は、かっこいいイギリスそのものだったのです。それを、パリにいながらにして手に入れることができるなんて！

フランスのティーンエイジャー向けの雑誌『ジュンネジョリ』にも、懐かしい思い出があります。15歳のとき、思い切ってこの雑誌を定期購読することにしました。生まれて初めて小切手を使ったときにはとても誇らしく思えたものです。毎月、雑誌が届くとすぐにすみずみまで目を通し、ビューティコーナーは念入りに読みました。

でも、ある日、配達された雑誌を父が受けとってしまったのです。表紙に書かれた「ベッドでの奥手な彼氏への対処法」という見出しを目にした父は、ショックのあまり、その雑誌を読むことを禁じました。わたしが何度頼んでも、父は頑《がん》として考えを変えてくれません。しかたなくわたしは、毎月友だちの家で読ませてもらうようになりました。

こんなふうにして、フランス育ちのわたしは日々、美について学びました。

では、そのレッスンとは、いったいどんなものだったのでしょう？

1 フレンチビューティの聖地の常識

パリジェンヌ……パリの女性たちはできるだけベストな自分になろうとする。
外見も内面も。そして、いくつになっても。
——アンヌ・ブレスト、オードリー・ディワン、カロリーヌ・ドゥ・メグレ、ソフィー・マス
『どこでもパリジェンヌになる方法』

「さりげなく」そうしているように見られたい

美しさに磨きをかけることにどれだけの時間や情熱をかけていたとしても、「さりげなく」そうしているように見られたい。唇を最高に魅力的に見せる口紅の色には何時間も悩むくせに、髪はブラシでさっととかすだけ。それが、フランス女性です。

フランス女性にとって「美」とは、「ひたむきさ」と「なるがまま《レセ・アレー》」が調和していること。

わたしの姉は、男性が女性のどういうところに注目するかをよく知っていました。ときには不完全さが魅力になることや、完璧だとそれ以上手をかけようという気がなくなってしまうことも、わたしに教えてくれたのです。

「健康的な肌」は何にも勝る武器になる

フランス女性たちは「健康な肌」にこだわります。だからといって、シミひとつない肌にならなければいけないというわけではありません。

パリやニューヨークの友人を見ていて気づいたことがあります。日頃から健康的な美しさを保つ努力をしている女性たちですが、完璧な結果を求めるあまりに、なにかをあきらめるなんてことはけっしてありません。

パリジェンヌの多くは、こう言うでしょうね。「完璧な肌を手に入れるために、チーズをちょっとつまんだり、朝食にクロワッサンを食べたり、夏のビーチで昼寝をしたりするのを我慢しなければならないぐらいなら、無理しないで手に入る肌で十分よ！」って。やみくもに完璧を求めて極端なことをしても、ちっとも満たされた気分にはなれませんから。

ニューヨークで活躍中のフランス生まれのホリスティック・フェイシャリスト（コスメやマッサージだけでなく食事・運動・睡眠などの生活環境も含めて顧客の美顔に関するアドバイスをする専門家）、イザベル・ベリスもこう言っています。

「基本的なケアは、もっとも大切な第一歩。フランスのお客さまは、シンプルなスキンケアにしっかり取りくみ、自らの手でフェイシャルマッサージをするのが大好き。肌に対しては、あまり無理をしないのがふつうね。だから、いくつになってもセクシーなかわいらしさがあり、魅力的な年の重ね方をしているわ。たとえシワがあっても、健康でふっくらとした、やわらかな肌になることが大事だって考えているの。保湿が行き届いた肌はみずみずしく、光もきれいに反射してシルクみたいに輝く。そう、肌のクオリティがいちばん大切。素肌に定番の赤いリップとマスカラだけ、なんていうミニマルなメイクってすてきじゃない？」

それに笑顔を加えれば、ほら、できあがり《エ・ヴォワラ》です。

「ファルマシー」と「ビューティサロン」に頼る

フランスの女性が肌のことに詳しいのは、近くの「薬局《ファルマシー》」でよいアドバイスをもらえるから、というのも理由のひとつ。

どこの街角にも、ファルマシーがあります。昔から、フランスの女性がビューティ製品やコスメを買いに行く先は、スパでも医者でもなく、薬剤師《ファルマシスト》のところでした。ファルマシストは、高度な専門性を持ち、顧客の予算に応じて、もっともふさわしい商品を選ぶことができるのです。

また、わたしたちは、自宅近くの「ビューティサロン」も頼りにしています。フランスでは、ビューティサロンはどんなに小さな町にもあり、脱毛、ネイル、フェイシャル、マッサージ、まつげカラーなどの美容に関するサービスが受けられます。

こぢんまりとした飾らないサロンですが、わたしたちはティーンエイジャーのころから通いはじめるので、エステティシャンとの絆は深まり、家族のような関係になります。時間に余裕があれば、大きなサロンやスパに行くことも。

そしてなにより地元のカフェで、ウェイターさんから「マダム」ではなく笑顔で「マドモアゼル」と呼びかけられるのも大きな励みになります。

フランス女性はビューティケアにお金をかける

低くたれこめたパリの曇り空を窓から見て、秋が終わり、なにもかもが灰色に染まる冬がやってきたことに気づいたある朝。冷たい霧雨が降り、気分が滅入りがちなとき。そんな日にすることといえば、ひとつしかありません。

それは、近くの香水店に行って、クラランスのボディ用マッサージクリーム〈マスヴェルト〉を買うことです。バターのような独特な感触のクリームを手にとり、極上の香りに包まれながら数分間マッサージをすれば、ふさぎ込んでいた気持ちもたちまち明るくなります。

今でもわたしは、選りすぐりの「気分をあげるビューティグッズ」を手元に置いていて、元気になりたいときに使いますが、フランス人がビューティケアに夢中になるのは、そういう効果も期待しているから。

わたしたちは、健康のために歯科医やスポーツジムに通うように、ビューティケアにもお金をかけるのです。

ビューティケアを「日常生活の一部」に取りいれるには、それほどお金も時間もかかりません。たとえば、次の章でダブルクレンジングについてお話ししますが、はじめに2種類のクレンジング製品を買うことにはなりません。でも、その2つを少しずつ使用するので、長く使えます。

わたしの場合、「モイスチャライザー（保湿剤）」も同じ。日中用のSPF（日焼け防止指数）の高いものから、冬用のリッチなものまでいくつか持っていますが、気候や肌の調子に合わせて使い分けるので、とても長もちします。

そもそも品質の高い製品なら、たくさん使わなくても効果抜群なので、実際にお得です。

通りすがりの人からフレグランスのすてきな香りが漂ってきたとき。自分の顔を生き生きと輝かせる口紅のカラーを見つけたとき。なじみのビューティサロンに足を踏み入れたとたん、気心の知れたエステティシャンから温かく迎えられたとき。そういうときってうれしいものです。

エステティシャンは、たとえ眉毛を整えるだけだったとしても、あなたをきれいにすることに力を注ぎ、あなたの心も癒してくれるのです。

ささいなことも、積み重なれば豊かな「美」の経験になります！

2 自分に合うものがわかっている

自分で思うより「控えめ」にするとすてき

「エレガンスと上流気取りを混同してはならない」――祖母も母もよく、このイヴ・サンローランの言葉を引用します。つまり、「自分にほんとうに合ったものを見つけなさい」ということでしょう。

たとえば祖母は、「アイライナー」を使いません。アイライナーをつけると、目が落ちくぼんだように見えると知っているからです。

その昔、有名な写真家に、「メイクで強調するのは目か唇のどちらかだけ、目と唇の両方を強調してはいけない」と教えてもらった母は、以来ずっとその教えを守っています。

そう、「自分で思っているよりも控えめにしたほうが、ずっとすてきに見えるもの」なのです！

わたしも、そのとおりだと実感したことがあります。ご近所に住んでいた、南米出身のとてもエレガントな女性を見て、そう思ったのです。

彼女は70代で、いつも髪をきれいなシニヨンにまとめ、軽くおしろいをはたき、マスカラをつけ、赤い口紅を塗っていました。首はすらりと長く、ブロケードのコートをひるがえして優雅に歩くその姿は、歴史の授業に登場する女王たちのように堂々としていました。

そのシンプルなエレガンスが、わたしたち若い世代に大切なメッセージをくれたのです。

「あの人らしい」そんなユニフォームをもつ

わたしがバルセロナのプッチで働いていたときに何度かお会いしたデザイナーのカロリーナ・ヘレラもエレガントな女性で、当時まだ二十歳そこそこだったわたしに、強烈な印象を与えてくれました。

「オーダーメイドのパリッとした白シャツと、スリムな黒いズボン」というのが、彼女のいわばユニフォーム。シャツの襟を立てた着こなしが顔を美しく引き立てていました。身につけていたアクセサリーも、金のバングルなど、どれもシックなものでした。

彼女は「自分に似合うもの」がわかっているのです。だから身につけているものが彼女と一体となっていました。

でも、わたしの仲間のなかには、当時そのことを理解できる人はいませんでした（そう、あのころはみんな若かったのです！）。

わたしの姉も、自分に似合うものがよくわかっています。姉のチャームポイントは、ネックレスのように肩をふちどる長いみごとな髪と、顔を完璧に形づくるゴージャスな眉。このチャームポイントが引き立つようにメイクもアクセサリーも、濃すぎたり、つけすぎたりすることはありません。それが、姉が自分でつくりだしたスタイルなのです。

3 フランス人の美の源泉

香水をつけないのは、服を着ていないのと同じ

わたしたちフランス女性は、香水店《パルフュムリ》が大好き。

小さい店にもたくさんの香水が並んでいます。販売員《ヴァンドゥーズ》の女性は厳選された製品のなかから、いろいろな香りのサンプルを試させてくれます。顧客のリクエストにとことんつきあい、ふさわしい香水を薦めてくれるのです。

香水については10章でくわしくお話ししますが、ここでは、「香水をつけないのは服を着ていないのと同じ」と考えるのがフランス女性だということをお伝えしておきます。

姉のこんなエピソードがあります。ティーンエイジャーのころのある晩、姉は友人たち

と会うために家を抜け出しましたが、隣の部屋にいたわたしはそのことに気づきました。廊下を抜き足差し足で歩いていく姉がつけていた香水の香りがしてきたからです。

ベッドから出たときにはもう姉の姿はありませんでしたが、わたしはフセンにこう書いて姉の部屋のドアに貼っておきました。「出かけたのはわかってる。香水が教えてくれたのよ!」今でも姉はそのメモを大切に持っています。

母の香水コレクションについてはすでに話しましたが、父も香りを大切にする人でした。父の手からロジェ・ガレのソープの香りがしたのを覚えています。父は当時も今も、わたしにとっては男らしく粋なパリジャンの代表です。

わたしが学校を卒業して仕事をはじめたときのことも、よく思い出します。クラランスUKのオフィスで数か月働いたのです。母のおかげでクラランスの製品はいくつも試してみたことがあって、すでに大好きでしたが、新商品を紹介する仕事をするうちに、わたしはクラランスのメッセージ性やすばらしい香りに夢中になりました。

創業者のジャック・クルタン=クラランスが、今日でも人気の〈オーディナミザント〉シリーズを発売するにあたってうたった「心地よいフレグランス」という言葉は、使うたびにそのとおりだと実感します。

毎日のルーティンをしっかり守る

フランス女性が、美のためにしている日課のなかで大切なこと。それは、日課そのもの、すなわち「ルーティンをもつこと」です。

彼女たちは、「スケジュールを決めて、それを守ることがいかに重要か」がわかっています。気分がのらなくておっくうだなと思っても、決めたとおりに行うことが大事なのです。

仕事でくたくたの一日の終わりに、マスカラを落としたり洗顔したりするのが面倒だと思わない人がいるでしょうか？　わたしもいやです。

でも、わたしには「クレンジングのルーティン」があります。それをせずにベッドに入ることはありません。いまでは体がその手順を覚えているので、頭ではなにも考えていなくても、気がつくと体が勝手に動いています。

わたしたちフランス女性は、外見をさりげなく磨いているように見られたい一方で、その裏ではしっかり時間と情熱を費やしているのです。

年を重ねてからの最大の敵は「ベッド」

祖母は、「年をとればとるほど、自分に厳しくならなければいけない」とよく言っています。それは祖母の母親からの教えです。

年老いてきたときの最大の敵は「ベッド」だとか。体が疲れやすくなるので、暖かくて心地よいベッドにいつまでもいたくなるのだそうです。

87歳の祖母レジーヌも、そういう段階にさしかかっています。彼女は、毎日、闘っています。朝起きて、外に出る。万歩計のアプリで、毎日歩いた距離を確認しています。

それでも最近は、ベッドで寝ていたくなることもあるようです。そんなときは、祖母の兄のことを思うと、たちまちやる気が出るそうです！

御年96歳の大伯父、ギー・デストリボーは、すらりと背が高く颯爽としていて、その瞳は今でもいたずらっ子のようにキラキラ輝いています。何十歳も年下の友人から羨ましがられるくらい、顔も、首も、手も、若々しいのです。

彼といっしょに旅行に行くと、空港の職員が、パスポートを差しだす大伯父の手と19

22年という生年月日とを見比べて、「とても信じられない」という表情を浮かべます。いつまでも若々しく、いつもわたしを笑わせてくれるギー伯父さんを、心から尊敬しています。

身のまわりのことを自分できちんとする

ギー伯父さんはビアリッツ（フランス南西部のバスク地方にある海辺の町）に住んでいて、身のまわりのことはすべて自分でしています。

毎日、午前7時に起床。健康的な朝食をつくって、たっぷり食べます。それから市場に出かけて、数日分の新鮮な食材を仕入れますが、買い物リストはあえてつくらないそう。記憶力を保つためです。

車を持っていないので、どこへでも歩いていきます。いつも姿勢がよくて、猫背になっているところなんて見たことがありません。市場から戻ると、昼食をつくり、たっぷり昼寝をして、掃除をしたり、友人に会いに行ったり。

午後6時のニュース番組を見てから、夕食にはチーズを一切れのせた全粒のクラッカーとか、ヨーグルト（わたしたちにとっては軽食としか思えませんが！）を食べるそうです。

ほどよい疲労感に包まれた大伯父は、ベッドに入って翌朝の7時までぐっすり眠ります。夜中に目を覚ますこともなく、目覚まし時計が必要になることもありません。

「どうしてそんなことができるの?」とわたしが尋ねると、ギー伯父さんはさらりと答えました。「簡単さ。ただ自分自身から抜け出すだけだ」

大伯父は、最新の電化製品や携帯電話を持っていませんが、暮らしにはまったく支障がなく、自分の生き方を貫いています。そんな大伯父にとって、「毎日のルーティン」は面倒なことではありません。健康を促し、一日をつくるシステムなのです。

ですから、読者のみなさんも、日々のビューティケアを重いことと考えすぎず、歯を磨いたり、シャワーを浴びたりするのと同じ「毎日の習慣」だと考えれば、もっと楽になるでしょう。

自分自身の美しさにかける時間が楽しくなる方法も、これからお伝えしていきます!

Part

2

フランス式
フェイスケア

Le Visage

Chapter

2

いくつになっても輝く肌で

わたしはいつも肌を
お気に入りのシルクのブラウスになぞらえる。
そのブラウスになにか問題があるなら、
細心の注意を払って手入れしなければならない。

――イザベル・ベリス（ホリスティック・フェイシャリスト）

「きれいな肌でベッドに入る」という母の教え

わたしがはじめて使ったビューティ製品は、洗顔料とトナー（化粧水をつける前に角質を除去したり、毛穴を引き締めたりするなどの肌を整えるための海外特有のコスメ）でした。

今でも目を閉じれば、淡いブルーの資生堂〈ピュアネス〉のクレンジングジェルのボトルが浮かびます。あるいはオナグリンヌのスクラブ〈そのころはまだ10代だったので、わたしもスクラブを使っていました〉の少し丸い容器も。

毎晩、ていねいにつけては、やさしく洗い流していました。「きれいな肌でベッドに入る」という母の教えがあったから。

それから数十年。いまだに、多くのフランス女性たちと同じように、「どういう洗顔がいちばんいいか」ということばかり考えています。そして、肌をひときわ輝かせるクレンジング方法は、フランス式以外ないという結論に至っています。

「正しいクレンジング」は、環境によって受けたダメージだけでなく、加齢のスピードも緩和してくれるのです。

「クレンジングのルーティン」を見直してみる

ニューヨークに住んでよかったと思えることのひとつは、パリにいたころに比べて「肌が汚れない」ということ。海に囲まれたマンハッタン島では、潮風が大気中の汚れを吹き飛ばすからです。一方、内陸のパリは大気汚染のひどい日が多く、灰色の汚れが爪の中に溜まることも。

アメリカに移ってきたとき、空気がきれいとはいうものの、「顔のクレンジングの大切さ」があまり知られていないことに驚きました。ニューヨークで大勢のアメリカ女性に尋ねてみたところ、「フェイスクレンジングはニキビに悩むティーンエイジャーがするものだ」と思っているようでした。

洗顔料も薬用のものを使い、匂いも使い心地もきついのはイヤという答えばかり。クレンジングに期待するのは、効果だけ。そのプロセスを楽しもうという気持ちは、まったくなかったのです。

この章を読んで、ぜひ自分の「クレンジングのルーティン」を変えてみてください。生き生きとした健康な肌を保つための大切なステップが書かれています。

1　フランス人のシンプルな決まりごと

どんなにいい化粧品も、肌が清潔でないと意味がない

「洗顔の大切さ」について、ロレアル パリ・インターナショナルのグローバルサイエンティフィックコミュニケーションズ・ディレクター、エリザベート・ブアダーナに話を聞きました。

「毎日の洗顔で、肌を清潔に保つことがなにより大切です。とくに夜は、ほこり、汚れ、化粧品の残留物をすべてとりのぞくこと。表皮は死んだ皮膚細胞でできていて、いわば下の層を覆う防護壁。汚れや垢《あか》がつきやすくできているので、そのままにしておくと毛穴が詰まったり、皮膚が炎症を起こしたりするのです」

「とくにオイルベースのファンデーションを毎日使用している場合には、肌に化粧品を残

さないように注意。オイル成分があなたの肌が本来もっている油分、つまり皮脂と反応して酸化が起こり、肌のトラブルを引き起こすだけでなく、肌の老化を早める一因となります」

「肌が清潔でないと、保湿剤も美容液も、防護壁の向こうまで十分に浸透していきません。どんなにすばらしいモイスチャライザーを使ったとしても意味がないのです。しっかり洗顔をしたあとだからこそ、美容液であれ、保湿剤であれ、アンチエイジング効果の高い化粧品であれ、効果を最大限に引き出せるのです」

「洗顔」に費やす時間は、自分への投資

スキンケアやコスメ商品のブランド、バイテリーの創業者で、フランス生まれのテリー・ド・ギュンズブルク（フランス美容業界のレジェンドで、イヴ・サンローランの魔法のようなコンシーラー〈タッチ エクラ〉開発の陰の立役者）はこう言います。

「洗顔に費やす時間は、自分への投資です。クレンジングは儀式であり、心を落ち着かせる瞑想の時間と考えましょう。気分がよくなり、その香りを楽しめるだけでなく、肌がみずみずしく輝くのだから一石二鳥です。お気に入りの製品を見つければ、メイクを落とし

てしっかり洗顔する数分間が、心からリラックスできる至福の時間になるはずです」

さらにテリー・ド・ギュンズブルクは、「数種類のメイク落としを同時に使うこと」を勧めています。


午後から吹雪になりそうなある寒い日、ニューヨークでそのわけを聞かせてもらいました。アッパー・イーストサイドのこぢんまりとしたレストランの個室で、わたしたちはすっかり話しこみ、店を出るころには雪が十数センチも積もっていました。

でも、真のフランス女性たるテリーはまったく動じる様子はありません。かすかに微笑んで肩をすくめてみせてから、おしゃれなコートとハイヒール姿のまま雪の降るなかに。するとどうでしょう、まるで待っていたかのように、どこからともなくタクシーが現れました。

「キーワードは〝清潔〟よ」とテリーは言います。

「メイク落としは、毎日行うルーティンにすべきね。わたしは三種のメイクアップリムーバーを使っている。一種類ずつ塗り重ね、3分間肌をマッサージするの。自分自身に捧げるリラックスタイム。あとは、よく洗い流してから手でトナーを。すると肌はもうピカピカよ！」

クレンジング製品の種類を知っておく

クレンジング製品といってもいろいろ。アメリカをベースとするデトックス・マーケットのフランス人共同創業者、ロマン・ガイヤールによると、成分、特性、用途によって以下のように分類されます。

✣クレンジングミルク：やさしくなめらかな使い心地で、とくに乾燥肌や敏感肌にオススメ。植物性オイルでつくられているため、メイクをすっきり落とせて、オイリー肌をはじめ、すべてのタイプの肌に対応。

✣クレンジングフォーム：泡立つ使用感が心地よいが、肌を乾燥させがちなので、若いティーンの肌かオイリー肌にオススメ。低刺激性のものでも、乾燥肌や荒れた肌には強い刺激になることがある。泡をつくりだすために、衣類や食器洗い用洗剤に含まれている界面活性剤、硫酸エステル塩が使用されていることが多い。

✣クレンジングジェル：通常はオイルベースなので、肌についた汚れやメイクを落とすのに効果的。

✣クレンジングオイル：オイルタイプのクレンジングを使用したからといって、オイリー肌になるわけじゃない！　リッチな成分は乾燥肌にとって理想的。メイク落としで肌がつっぱるのを避けられる。クレンジングオイルは肌の表面に長時間とどまるため、ダブルクレンジングでは、まずクレンジングオイルを、その後、ジェルやミルクタイプを使うといい。

✣アイメイクリムーバー：オイルベースとウォーターベースがあり、どちらも刺激や痛みを感じることなく、デリケートな目のまわりのメイクを落とすことができる。オイルベースのアイメイクリムーバーはアイシャドーやマスカラを拭きとるのに最適。質のいいコットンパフを選ぶことが、アイメイクリムーバーを選ぶのと同じくらい大切。

✣トナー：必要ないとか、刺激が強いとか、とかく非難を浴びがちなトナーだが、実際は欠かせないアイテム。ただし自分に合った製品を使うこと。最近のトナーは、植物エキスなどを用いたナチュラル系も多く、有効成分が肌の奥深くまで行きわたる。トナーで肌を整えると、美容液やモイスチャライザーの浸透もぐっとよくなる。また、化粧下地としても使えるし、肌のリフレッシュ効果もあり、トナーは一日を通して大活躍。

✣ミセラーウォーター：1990年代に硬水で刺激の強い水道水に悩むパリジェンヌたちの肌を救うために開発された拭きとりタイプのクレンジングウォーター。水中にミセル（クレンジングオイルの微粒子）を浮遊させたもの。コットンパフになじませて、メイクを拭きとるだけで、洗い流す必要はない。ミセルとコットンパフが磁石のように不純物を引き寄せる。ただし、ミセラーウォーターはあくまで化粧落としの延長できちんとした洗顔のかわりにはならない。

アイメイクをしたままでベッドに行ってはダメ

まずは、「アイメイクの落とし方」からご説明しましょう。

アイシャドー、アイライナー、マスカラなどを使う「目のまわり」は、顔のどの部分よりも色素沈着を起こしやすく、そうなってからでは遅いのです。

まず、やわらかく吸収性の高いコットンパフで、やさしく拭きとります。ティッシュペーパーは紙やすりのように肌を削ってしまうので、まぶたや目のまわりには不向きです。

わたしはオイルベースの保湿成分が配合されているアイメイクリムーバーをよく使います。洗い残しがないようにしっかり流します。

もうひとつ大事な点は、使う量をケチケチしないこと。コットンパフにたっぷり含ませて使えば、マスカラなどの落ちにくいメイクもきれいに落とせます。

リムーバーを含ませたコットンパフを目のうえに数分置き、十分に浸透させると、マスカラもすっきり拭きとれます。

◎わたしたちのお気に入りのアイメイクリムーバー

すべての年代に：シャネル、キールズ、クロラーヌ、ランコム、メイクアップフォーエバー、ビオデルマ、M・A・C〈プロアイメイクアップリムーバー〉、セージ ナチュラルウェルネス〈ハーバルバーム〉

フランス女性は「ダブルクレンジング」が基本

わたしは、パリでもっとも有名なふたりのフェイシャリストから「ダブルクレンジング方法」を学びました。

ひとりは、美容界の女王として知られている、ジョエル・シオッコ（30年以上の実績を誇る化粧品科学の研究にもとづいた化粧品を生みだした美容家）。

パリでもっともシックな地区といわれている、マドレーヌの中心部にある彼女の洗練された高級ビューティセンターは、世界じゅうの女性たちが一度は訪れたいと願うあこがれの場所です（ジョエルは緊張しているわたしを、とても温かく迎えてくれ、彼女のもとに何年間も通いつづける根強いファンがたくさんいるのもうなずけました）。

もうひとりは、ホリスティック・フェイシャリストのイザベル・ベリス。ジョエルのもとでキャリアを積み、天然成分を専門分野とするイザベルは、バレリーナのようなしなやかな身のこなしと羨ましいほどすべすべの肌をしています。イザベルは、皮膚の細胞組織への酸素の流れや血行をよくする「フェイシャルマッサージ」がいかに大切かを話してくれました。

以下はそのクレンジングテクニックです。フランス式のスペシャルなダブルクレンジング方法を、ぜひマスターして。

◎フェイシャリスト直伝のダブルクレンジング法

✣肌がひりひりするほど洗えばいいというものでは、ありません。肌を大切に扱うこと。夜寝る前に肌をとことんきれいにするのは大事ですが、皮膚にすむ菌、「肌フローラ」の存在もお忘れなく。洗顔後、肌がつっぱったり、ざらざらしたり、かさかさするところがあってバランスがとれていないと感じたら、洗顔のやり方や洗顔料がきつすぎる証拠です。

✣顔や首は「二度」洗いましょう。一度目は、クリームタイプのクレンジングで表面についた不純物、汚れ、メイクを落とします。

✣二度目は、肌の表皮や角質層、つまり肌自体をきれいにします。そうすれば、おもに眠っているあいだの肌の再生機能と本来肌が持っている抵抗力とが、最大限引き出されます。

✣ダブルクレンジングは「やさしくていねいに」行います。さもないと、肌を乾燥させて傷つけることに。

✣「乾燥肌」には、クレンジングミルクやクレンジングオイルがベスト。

✣ダブルクレンジングをしたあとは、お気に入りのトナーをコットンパフでつけましょう。洗い流さないこと。アベンヌやエビアンなどのターマルウォーター（温泉水）をスプレーで吹きかけてもいいでしょう。そのあとは、ティッシュペーパーで軽く押さえるか、やさしく拭きとります。

✣朝は、トナーか軽めのクレンジングですばやく不純物を落とします。夜と同じようにターマルウォーターを吹きかけてもいいでしょう。

✣同じブランドでそろえてもいいですが、違うブランドのものを好みや気分によっていっしょに使ってもかまいません。

◎洗い流さないクレンジングのやり方

パリのビューティスクール《フランソワーズ・モリス・ビューティインスティテュー

ト》の経営者であるデルフィーヌ・プリュドムに、「水を使わないクレンジング」のもっとも効果的な方法を尋ねました。どの年代にも応用できるこのテクニックを使えば、つっぱりのないやわらかな肌に。

✣夜、まずはミルクタイプのメイクアップリムーバーローションを使う。コットンパフを小さな円を描くように動かして不純物やメイクを落とす。1枚のコットンパフで十分。

✣つぎにクレンジングローションを含ませたコットンパフを数枚使って、パフに汚れがつかなくなるまで拭きとる。メイクを落とすなら最低でも3、4枚のコットンパフが必要。やわらかくて吸水性の高いコットンパフが望ましい。

✣朝は、ローションをしみこませたコットンパフ1枚でOK。

✣美容液やモイスチャライザーをつけるときには、肌をしっかり乾かしてから使用する。

「一日の終わり」にわたしが必ず行うこと

わたしも今では「ダブルクレンジング」を実践しています。肌の質と輝きがぐっとアップしました。クレンジングという「当たり前のこと」が、健やかな美肌へのカギなのです。

一日の終わりにわたしが行っている方法をご紹介します。

✣まずは、「クレンジングミルク」か「クレンジングオイル」ですべてのメイクを落とす。クレンジング剤には、思わずマッサージまでしたくなるようななめらかな質感のものを。

✣いつもより濃いメイクをしたり、汚染された外気にさらされたりした日には、クラランス直伝のテクニックを使う。手のひらで温めたクレンジング剤を顔に当てて、吸引効果で不純物が顔からはがれるように、ゆっくり手を離す。

✣つぎに、ぬるま湯で顔をすすぐときには、フランス特有のガン・ドゥ・トワレット（フランスのほとんどの家庭で使われている体を洗うためのバス用ミトン）をいまでも使っている（アメリカでは売っていない！）。テリー織の生地でつくられているが、やわらかいタオル地でも代用できる。このミトンをぬるま湯に数秒浸し、それで顔や首を拭く。

✣続いて、クレンジングオイルのようなリッチなタイプを利用して二度目のクレンジングをし、湿らせたミトンでもう一度すすぐ。

✣こすらずにタオルを軽く押し当てるようにして肌の水分をとったら、今度はトナーをコットンパフでつける。首の前とうしろやデコルテも拭きとることを忘れずに。

✣質のいいコットンパフを使用すればさらに効果がアップ。わたしはコットンパフには特別なこだわりがあり、お気に入りのブランドのものをいつも数箱はストックしている。

コットンパフは、完璧なフェイスクレンジングを実現するためには欠かせないアイテムなので、旅行にもかならず持っていく。

✣最後に、アベンヌから ロッシュ ポゼのターマルウォーターをひと吹き。これは洗い流す必要はない。

✣朝はもう、クレンジングの必要はなし。トナーとコットンパフで拭きとるだけでいい。そのあと、ターマルウォーターを数回吹きかけ、寝ている間に堆積した不純物をとりのぞいて肌を整える。

「そんなに大変なの」と思われるかもしれませんが、実際はそうでもありません。たった数分間です。それで、肌がすみずみまで清潔になり、みずみずしく潤うのです。そのうえ輝くようなツヤまで手に入ります。そのツヤは翌朝まで続きます。

◎わたしたちのお気に入りのクレンジング製品

以下に紹介するブランドでは、それぞれの肌質に応じた製品が用意されています。

ジュネス用：アベンヌ、クリニーク、ダーマロジカ、クランス、オズミア オーガニックス〈ローズ・クレイ・フェイシャル・ソープ〉

プレニテュード用：ジョエル シオッコ〈レ・オンクテュー・キャピタル〉、パイ〈カメリア&ローズ・ジェントルハイドレイティング・クレンザー〉、キールズ〈ミッドナイトボタニカル・クレンジングオイル〉、デ・マミエール〈クレンジングバーム〉、コーダリー〈メイクアップリムーヴィング・クレンジングオイル〉、タタハーパー〈ナリッシングオイルクレンザー〉

マテュリテ用：ビオロジック ルシェルシュ〈レ E.V.〉、コーダリー〈ジェントルクレンジングミルク〉、クラランス〈トータルクレンジングオイル〉、エスティローダー〈アドバンスナイトマイクロクレンジングバーム〉、シュウ ウエムラのクレンジングオイル各種、ジョエル シオッコ〈センシティブクレンジングミルク〉

◎わたしたちのお気に入りのトナー

トナーなら、あなたの肌がもともともっている自然な油分を取り去ることなく肌をきれいにしてくれます。

コットンパフに汚れがまったくつかなくなったらクレンジング完了。これは、ジュネスや、クレンジングフォームを使うと肌がつっぱるというオイリー肌に有効です。

ジュネス用：ロレアル、ビオデルマのミセラーウォーター

プレニテュード用：アベンヌ〈スキンバランスローション〉、クラランス、コーダリー〈モイスチャライイジングトナー〉、タミーフェンダー〈エッセンシャルCトニック〉

マテュリテ用：オルラーヌ〈B21〉〈ローションエクストラオルディネール〉、ジョエルシオッコ〈パーフェクティブローション〉、フィロルガ〈アンチエイジングミセラーソリューション〉

2 クレンジングで肌の色を明るくする

「スクラブ洗顔」では肌はきれいにならない

アメリカのドラッグストアの棚にところせましと並んでいる「スクラブ」や「エクスフォリアンツ」（角質除去をスクラブ洗顔などで行うための製品）。フランスのファルマシーではまず見かけません。

フランス人は「スクラブ」が肌をきれいにするための唯一の方法だとは思っていないのです。反対に、「強くこすって洗うこと」や「頻繁にスクラブを使用すること」は、肌のためによくないと教えられます。

肌のエキスパート、フィリップ・シモナンは、スクラブによる激しい洗顔やダーマブレーション（細かい粒子で肌の表面を研磨して新陳代謝を促進する外科的トリートメント）は「家の屋根を引きはがすようなもの」と言います。

スクラブでは肌はきれいになりません。たとえニキビがあってもオイリー肌でも、一日の汚れをしっかり落とすには、「良質のクレンジング剤」を使うしかないのです。

どうしてもスクラブを使いたいのなら、ジェントルエクスフォリエイターに切り替えましょう。キーワードはあくまで「やさしく《ジェントル》」です。

より明るく輝く肌を求めているのなら、ブライトニング（美白）トリートメントをプラスするとよいでしょう（スキンブライトナーは、色素沈着の黒ずみにも効果を発揮します）。

フランス女性は、スクラブ洗顔もしなければ、自宅でケミカルピーリングもしません。フィリップによると、ピーリングをするたびに肌にはミクロな傷が無数にできるのだそうです。「スクラブ洗顔をたった一度しただけで、肌の層を3枚剥《は》がすことになります。肌の層は1枚再生するのに48時間かかります。つまり、すべてがもとに戻るには1週間必要なのです」

◎わたしたちのお気に入りのジェントルエクスフォリエイターとブライトナー

ジェントルエクスフォリエイター：オーレリア〈リファイン&ポリッシュ・ミラクルバーム〉、ディオール〈ライフポリッシュパウダー〉、フィロルガ〈スクラブ&マスク〉、オモロヴィッツァ〈ターマルクレンジングバーム〉

ブライトナー：コーダリー〈ヴィノパーフェクト・ラディアンスセラム〉、ナチュラビセ〈ダイヤモンドホワイトグロウイングマスク〉、オズミア オーガニックス〈ブライトニング・フェイシャルセラム〉、タタハーパー〈コンセントレイテッドブライトニングセラム〉

◎ディープクレンジング用マスクを使って、肌のくすみをなくす

フェイスパック：ディープクレンジング（肌の表面や毛穴に詰まっている古い角質や汚れをしっかり落とすこと）やくすんだ肌を明るくするのにうってつけなのがフェイスパックです。とくに、ブライトニング効果や肌トーンのムラを整えると書かれた製品を探しましょう。パックはそれほど頻繁にする必要はありません。わたしはパックをすると、気持ちがしずまり、リラックスできます。ただし、パックをつけるのはだれにも見られないときに。とくにシートマスクは、子どもを怖がらせてしまいますから。

◎わたしたちのお気に入りのフェイスパックやシートマスク

若い世代の肌には：余分な油分や不純物をとりのぞくデトックス効果の高いクレイマスク（泥や火山灰など原料はさまざまだが、ミネラル豊富なクレイ粒子が毛穴の奥の汚れや皮脂を吸着してくれるもの）がオススメ。ビオテルム、キャプテン・ブランケンシップ〈デトックスフェイスマスク〉、ディオール〈ライフピンククレイマスク〉、キールズ〈キプリスディープフォ

レストクレイ〉、オダシテ〈シナジー［4］イミーディエイトスキンパーフェクティングビューティマスク〉をお試しあれ。

保湿と美白には：アベンヌ〈トレランスエクストレームマスク〉、パイ〈ローズヒップバイオリジェネレートラピッドマスク〉、タタハーパー〈リサーフェシングマスク〉

効果の高いシートマスク：思わず「ワォ！」と叫ぶほどの効果が期待できるシートマスクも試してみて。アモーレパシフィック、エスティローダー〈アドバンスナイトリペアパワーフォイルマスク〉、資生堂〈ベネフィアンス〉

3 大事なのは正しいクレンジング

フランス女性は定期的に「皮膚科」に通う

フランス人の母親は、娘たちがティーンエイジャーになる前から、ニキビの原因となる皮脂や菌を毛穴からとりのぞき清潔に保つ「洗顔の大切さ」を教えます。母は14歳で、浄化作用のあるパックをいろいろと試してみたそうです。

フランス女性は、歯の検診に行くのと同じくらい、定期的に皮膚科を受診します。ニキビの予防や治療だけでなく、日焼けによるシミやそばかすなど、肌に関するあらゆることが相談できます。

すべての年代に：チョコレートが大好きだから、ステーキの付け合わせのフライドポテトを食べたから、ニキビができるわけではありません。ニキビには、おもに「ホルモンバランス」と「皮脂の過剰分泌」と「アクネ菌」が関係しています。

だから、15歳から出産直後まで、場合によってはそれ以降も、ニキビに悩まされる女性が多いのです。

スキンケアのエキスパート、フィリップ・シモナンはこう言います。

「ニキビの原因を10とすれば、そのうちの4割が遺伝的なもの、3割がホルモンバランス、1割が緊張とストレス、もう1割が食生活、そして残りの1割は紫外線です。このことをニキビで悩む子どもを持つ母親に説明すると、『ストレスをためるな、食生活に気をつかえ、あれにもこれにも注意しろなんて、どうやったら若い子にわかってもらえるんですか？　そんなのとても無理です！』と今にも逃げ出したそうな顔をします」

ジュネス（20〜34歳）：フランスのティーンエイジャーは、ニキビを自分で治そうとはしません。皮膚科医かファルマシーに行って、専門家に相談します。

パリ在住の内分泌学者ドクター・カトリーヌ・ブレモン＝ヴェイユと皮膚科医のドクター・ソフィ・ラグレンヌによると、「ティーンエイジャーにとってニキビは人生の大問題」。自然に消えることはめったになく、深刻な悩みとなります。

白ニキビでも、黒ニキビでも、炎症を起こした赤ニキビでも、ニキビ痕が目立っていてもそうでなくても「皮膚科専門医」に相談することをオススメします。必要ならしっかり治療を受けましょう。

✣ニキビケア製品での毎日の洗顔は欠かせないが、それだけでは頑固なニキビに対する長期的な効果は期待できない。

✣日焼けは、なんの解決策にもならない。太陽はいわば「変装した悪魔」。日焼けでいったんは赤みや吹き出ものが目立たなくなるが、肌がダメージを受け、よけいに吹き出ものを増やす原因となることに。早期に治療すれば、とくに嚢胞性《のうほうせい》のニキビ（大きいため、とくに気になりがち）などが痕《あと》になるリスクが減ります。

とにかく、ベッドに行く前には、いつも顔をきれいにしておきましょう。スクラブを使ったりごしごし洗ったりはせずに！

そして、できるかぎり「バランスのいい食生活」を心がけましょう。揚げ物や加工食品は避け、動物性たんぱく質のとりすぎにも注意。スパイシーな食べ物も控えめに。

名高い栄養学者であり、機能性医学（できるだけ治療薬を使わずに疾病《しっぺい》を治すことを目指す医学）の専門家でもあるドクター・ジョルジュ・ムートンはこう言います。

「スパイシーフードは、いとも簡単に炎症を引き起こします。口のなかがヒリヒリしているということは、腸もヒリヒリしているということ。腸が炎症を起こせば肌も炎症を起こすので、辛い食べ物は肌によくないのです」

プレニテュード（35〜54歳）：20代になって、突然、ニキビがひどくなることがあります。この年代のニキビは、ほとんどの場合、「ホルモンバランス」の変化によるものです。出産前後にはホルモンバランスが大きく変化し、更年期には女性ホルモンが減少しはじめます。かかりつけの婦人科医や皮膚科医に相談しましょう。

この年代のニキビが、「洗剤」や「石けん」を変えたことによる接触皮膚炎や、本来は無害な物質に対するアレルギー反応の場合もたびたびあります。

そういうときには、「敏感肌用の低刺激で無香料の製品」に変えて、肌を清潔に保ちましょう。鼻のまわりの角栓が気になる場合は、「毛穴すっきりパック」や「毛穴黒ずみ除去シート」を利用するといいでしょう。

マテュリテ（55歳以上）：プレニテュードと同じで、ニキビがひどくなるようならすぐに婦人科医や皮膚科医を受診しましょう。この年代にはめずらしく、ホルモンバランスが崩れているかもしれないからです。用心するに越したことはありません！

◎わたしたちのお気に入りのニキビケア製品

すべての年代に：アベンヌ〈クレアナンスエクスペール〉、ビオデルマ、ラ ロッシュ ポゼ、オズミア オーガニックス〈ブラッククレイ・フェイシャルソープ〉、オダシテ〈ブラッククミン＋カユプテセラムコンセントレート〉

ファルマシストのクレール・ボッセのオススメ：朝でも夜でも使えるビオデルマ〈セビウムH20〉をコットンパフで顔に。シャワーのときにはビオデルマ〈セビウムフォーミングウォッシングジェル〉を。日中は、SVRリサルファのSPF50のクリームを塗る。夜は、有効成分がすばやく浸透して炎症を抑え、ニキビのできにくい肌に整えると同時に肌をなめらかにするラ ロッシュ ポゼの〈エファクラール・デュオ〉を。

Chapter

3

毎日のルーティンで潤いを保つ

すべての女性が美しくなれる

――エスティローダー

「年をとると何が起こるか」を知っておく

「すべての女性が美しくなれる」エスティローダーの言うとおり、女性はみな、美しくなれます。ですが、それには「少しの時間」と「情熱」が必要です。

真夏のある日、若いわたしの頬や鼻のまわりに突然出現した「そばかす」を、わたしは長い間かわいらしいと思っていました。健康的な日焼けの結果だと。

でも実際には、そばかすのひとつひとつが、気づかないうちに肌を苦しめた傷痕の名残、つまりシミだとわかったときには激しく後悔しました。

そばかすが少しもかわいらしいものではないとわかっても、時計の針を巻き戻すことはできません。そこで、できるかぎりのケアをしようと決めました。

加齢のプロセスは止められないし、避けられません。

まずは、年をとるとなにが起こるのかを理解することが大切です。それが、あなたの求める理想の肌に少しでも近づくためのスキンケアプランの、最初のステップになるのです。

1 肌の加齢プロセスを理解する

年代別に「肌」にすべきことをアドバイス

フランスの女性は、総合的なスキンケアを「少しでも早くはじめればはじめるほど」若々しい肌でいられると知っています。

それでもやはり、年齢とともに肌は薄くなり、ハリを失い、たるみはじめます。油分が減少するだけでなく再生力も低下、そのため乾燥してシワができやすくなるのです。

皮膚は、もっとも外側の表皮、中間層の真皮、そして最下層の皮下組織の「三層構造のベッド」のようなもの。皮下細胞はやわらかい脂肪細胞でできた土台、真皮はコラーゲンとエラスティン（皮膚細胞を構成するたんぱく質）の繊維でできたバネを持つクッション部分、そして表皮は自力で新品になれるベッドパッドです。

もっとも水分を保っているのが真皮で、80パーセントが水でできています。つねに潤いが減っていく表皮に向けて水分を送りこんでいるので、真皮の水分はたえず失われていきます。皮膚細胞は基底層で生まれ、上へ上へと押しあげられていき、さまざまな特性を身につけながら角質層と呼ばれる肌の表面にたどりついて、最終的には死に絶えます。

わたしたちの肌はつねに「一定の水分量」に保たれています。人間の体は、ほとんどが水でできているからです。そこから考えれば、たとえ90歳になっても肌は潤いつづけるはずなのですが、時間とともに有害なUVAやUVBの紫外線が肌に入り込み、コラーゲン繊維が劣化してしまうのです。

ロレアルのエリザベート・ブアダーナのアドバイスを受けて、わたしも肌の加齢プロセスについて理解を深めることができました。そのなかでも大切な情報のいくつかをご紹介しましょう。

◎ジュネス（20〜34歳）

20代の肌はやわらかく、潤いもたっぷり。肌のターンオーバー（新陳代謝）もとても速く、この年代の皮膚組織はふつう「3週間から4週間」で生まれ変わります。肌の下の層から押しあげられてきた皮膚細胞が、あっという間に角質層、あるいは最外層に達します。

でも、その後10年で、肌はゆっくりと変化します。

「加齢の最初のサイン」は、肌の構造内に水分を保つ能力が低下することです。

真皮と表皮のふたつの層で水分を蓄えているのは、潤いを溜めておけるようにできている「ヒアルロン酸」というスポンジ状の天然物質。このヒアルロン酸が加齢とともに減少し、皮膚細胞の保水力が失われていきます。

ヒアルロン酸は環境、汚染物質、太陽からの紫外線によって、さらに活性酸素によってもダメージを受けます。傷つけられた細胞は潤いを保つことができなくなり、肌がしだいに乾燥していくのです。

かすかなシワが現れはじめますが、この時点ではまだ見た目にはわかりません。なんとなく肌のしなやかさが減ったような、かすかに輝きが失われたような気がするだけです。

この時期にニキビができたら（たとえ10代ではニキビがなかったとしても）、痕にならないようくれぐれも注意（けっしてつぶしたりしないように！）。

◎すべきこと

若いうちから「正しいスキンケアの習慣」を身につけることがとても大事。あなたが10代後半から20代前半なら、顔を清潔にしておくことが最優先ですから、「正しい洗顔」を日課にしましょう。毎日行う歯みがきと同じで、すてきな香りを楽しめたり気持ちをすっきりさせたりしてくれる製品を使えば、洗顔はもっと楽しいものになります。

肌はくれぐれもやさしく扱いましょう。刺激の強いスクラブは絶対に使わないこと。肌を傷つけるだけで、あなたには必要ありません。

ニキビ痕による黒ずみやシミがあっても、スクラブでごしごし洗ってはいけません。逆に肌荒れを悪化させるだけ。ピーリングを行う場合には、使用上の注意をよく読んで、説明書にしたがい、けっしてやりすぎないこと。過剰なクレンジングは皮脂が余分に分泌され、ニキビや毛穴の詰まりの原因となります。

フェイシャリストのジョエル・シオッコは、こう嘆いています。「間違った製品を使ったことで痛めつけられた肌をたくさん見てきました。そういう製品は刺激が強く、肌の老化を遅くするどころか逆に早めてしまいます。なぜ肌の加齢プロセスを促進してしまうような間違った製品を使って肌を傷めたり、乾燥させたり、引きはがしたりするのでしょう?」

「痛みなくして得るものなし」なんていう時代はとっくに終わりました。「やさしさ」こそが大事なのです。

また、日中に外に出るときは、かならず「日焼け止め」を塗りましょう。そしてできるかぎり健康的な食生活を心がけましょう。

◎プレニテュード（35～54歳）

30代、40代になると、これまでとは違った要因が肌に影響を与えることになります。変化が起こり、肌はいっそうもろくなります。小ジワやシワも見られます。

肌が乾燥しやすくなったとか、気温の変化（たとえば、エアコンのきいた室内と外との温度差や季節の変わり目の寒暖差など）に敏感になるでしょう。「睡眠不足」や「飲みすぎ」の影響がてきめんに顔に出るようにもなります。

母ロレーヌの話

50歳になったとき、かかりつけの専門医から、「一生のうちで日を浴びてもいい量をきみはもう使いきってしまったんだ」と言われたわ。さらに、「デコルテの部分の肌が敏感になっているので、気を使うように」とも。

おかげで、今では肌を守るだけでなく、完全に隠すことが最優先。

今でもビーチに行くのは大好きだけど、もう無防備な状態で何時間も太陽の下で過ごしたりはしない。日の光を浴びるのが大好きだからこそ、日に焼けて老化を早めてしまわないようにしっかりと予防策をとっているの。

時の流れを上手に受け入れること。年齢とともにシワは増えるけれど、人間的には丸くなり、バランスがとれてくる。年をとって賢くなり、一瞬一瞬を思い切り楽しむことの大切さを知る。いくつになってもその「美」のステージでベストなものを利用することを学び、いつも自分を美しくするものを心にとめておくことが肝心ね。

◎すべきこと

毎日のクレンジング製品を「より保湿性の高いもの」に変えるときです。

あなたがオイリー肌であろうと乾燥肌であろうと、10代や20代のときに使っていた製品はもう使えません。

あとでお話しする「フェイシャルマッサージ」を定期的にしてみるのもいいでしょう。顔のハリや弾力性をキープすることができます。

これまで以上に「太陽から肌を守る」努力も必要です。日差しを浴びるときには、かならず「SPFの高い日焼け止め」を塗りましょう。塗らなければ家の外にはけっして出ないぐらいの覚悟が必要です。

◇マテュリテ（55歳以上）

50歳前後は一般的に、「閉経」に関係する問題に対処しなければなりません。40代後半になれば、多くの女性が「更年期」にさしかかることになります。その影響をなんとなくではなく、はっきりと感じることになるのです。

見るからに肌がかさかさして、シワもくっきり。ハリがなくなって、たるんだりたれたりしてきます。

祖母レジーヌの話

ポルトガルでのバカンスのことが今でも忘れられないわ。

毎日晴れていたけれど、風が強かった。潮を含んだ海風と強い日差しという組み合わせのカクテルのせいで、こんなにひどい顔は見たことがない、というくらいに日焼けしてしまったの。

もとの肌に戻るのにはとてつもなく長い時間がかかったわ。

◎すべきこと

まずは、かかりつけの婦人科医に「ホルモンの数値」を測ってもらいましょう。ホルモン補充療法の良い点と悪い点をよく聞いて検討するといいでしょう。

次に、皮膚科専門医と、ケア方法について、たとえば処方薬だけか治療だけか、またはその両方を行うかを話し合います。自己診断をしている場合ではありません。

そして、紫外線、大気の汚れ、たばこの煙などの「環境的な要因」を最小限に抑えます。

体を動かして、よく眠る。必要なのは、日焼け止めと体にいい食べ物、それにたくさんの愛です！

◎ホルモンの変化に気づく

女性ホルモンの減少の影響について、内分泌学者でパリジェンヌでもあるドクター・カトリーヌ・ブレモン＝ヴェイユに話を聞きました。

内分泌学者、ドクター・カトリーヌ・ブレモン＝ヴェイユの話

肌のターンオーバーには、ほとんどの「ホルモン」が関与しています。とくに甲状腺ホルモン、性ホルモン（エストロゲン、プロゲステロン、アンドロゲン）、成長ホルモン、メラトニン（規則正しい睡眠を助けるホルモン）などです。

ホルモン量は、生理学的なこと（思春期、更年期）、疾病による影響（ホルモン分泌が過剰になったり不足したり）、ライフスタイル（ストレス、睡眠不足など）によって変わり、すべてが肌に影響を及ぼします。

更年期や閉経期には、女性ホルモンの分泌がゆっくりと減速し、肌を守るエストロゲンの数値も大幅に落ちこみます。そのため、肌の水分量とコラーゲン繊維があまりつくりだされなくなり、肌はハリや柔軟性を失って乾きやすくなるのです。

甲状腺の機能が低下しているにもかかわらず、その診断を受けずに治療していない女性がたくさんいます。放置された肌は乾燥し、顔色が悪くなり、黄ばみます。ときには腫れやむくみをともなうことも。

「アンチエイジングクリーム」を使えば、更年期のホルモン変化による影響を目立たなくすることができます。

たとえば、レチノイド（ビタミンAとその類縁化合物、レチノール、レチノアルデヒド）やフルーツ酸は肌の表面をなめらかにする効果があります。

レチノイドは肌の深い層をも活性化させ、酸化防止剤（たとえばビタミンC、ビタミンE、カロチノイド、レスベラトロル、ポリフェノールなど）をベースにしたクリームは、酸化を促進する物質（環境によるもの、とくに紫外線）が肌に及ぼす有害な影響を軽減してくれます。グリセリン、必須脂肪酸、ヒアルロン酸、セラミドを含んでいるものを見つけるといいでしょう。

2 あなたの肌を守ってくれるもの、それは潤い

ひとくちに保湿といっても人それぞれ。予防もしかり。
まずは自分の肌のタイプをみきわめなければなりません。
スキンケアを選ぶのは、それからです。

——ヘレナ・ルビンスタイン

「モイスチャライザー」はスキンケアに欠かせない

年齢に関係なく、「肌の水分」が刻一刻と失われていくのは、自然なことです。だから、しなやかな肌でいるためには「潤い」を保ちつづけなければいけません。「保湿」のためによいモイスチャライザーは、あなたのスキンケアには欠かすことのできない

ものです。
フランスの女性は、どのように自分たちの肌を守っているのでしょうか？　それを知れば、あなたが求めるスキンケアの答えが見つかるはず。

モイスチャライジング製品について知っておく

保湿のためのスキンケア製品にはいろいろな種類がありますが、それぞれ役割が異なります。必要のない製品を購入しないように、どれを選んだらいいか、ナビゲートしましょう。

✣**モイスチャライザー**：保湿用ローションやクリームは、乳化油。バリア機能を高め、肌のなかの水分を閉じ込める。
✣**リンクル／ファーミングクリーム**：シワを改善するリンクルクリームやハリ対策のファーミングクリームは、保湿だけでなく、有効成分が肌を引き締め、なめらかにして、小ジワを目立たなくしてくれる。
✣**ドライオイル**：ドライとオイルでは矛盾していると思うかもしれないが、肌に吸収されやすいライトなオイルのこと。油のような感触は、脂肪酸が特定の割合で配合されているため。ドライオイルはオメガ6（リノール酸）の含有率が高い。ほかにもグレープシードオイル、ウチワサボテンオイル、アルガン油、ローズヒップオイルが含まれている。最近の研究では、ニキビがあると肌のリノール酸の値が低くなって皮脂がべとつく原因になるという結果が出ている。これこそ、オイリーな肌でもドライオイルを使うと肌のバランスが整う理由である。

✣美容液（セラム）：セラムは有効成分がより高濃度に凝縮され、特別な効果を発揮する。モイスチャライザーより軽いテクスチャーであることが多いが、効果が高く、肌に栄養を行きわたらせてくれる。詳しいことは、後述の「美容液（セラム）」の説明を参照して。

✣保湿トナー／保湿エッセンス：保湿トナーや保湿エッセンスはクレンジングのあと、美容液やモイスチャライザーを塗る前に使用すると効果的。潤いの層をもう一枚プラスすることができる。コットンパフでつけるか、手のひらに少量振りかけ、それを肌全体にやさしく押し当てる。

✣ターマルウォーター（温泉水）スプレー：ターマルウォーターは肌に対してすばらしい効果を発揮する。地中の奥深いところにある温泉水は、ミネラルを豊富に含み、そこには雑菌や汚染物質は存在しない。肌にソフトな保護フィルムを張ることができる。水源によってそれぞれ特有のミネラルを含むなど独自の成分をもち、肌をサポートしてくれる。朝や夜のクレンジングルーティンのしめくくりに最適。

✣ **フェイスパック／シートマスク**：デトックス・マーケットの共同創業者ロマン・ガイヤールはこう言っています。

「よい肌とすばらしい肌の違いはパックで決まります。少なくとも週に一度は集中ケアをすることで、スキンケアのレベルがぐっとアップ。モイスチャライジングパックは集中的に栄養を補給し、ふっくらとした弾むような肌をとりもどしてくれます。

クレイ（泥）や炭のパックは、不純物を引き出し、ブライトニングパックは肌のきめを均一にしてシミを目立たなくしてくれます。

シートマスクとは、美容液をしみこませた顔の形のシートのこと。目と鼻の穴と口の部分に切り込みが入れられています。それを顔に貼りつけて10分ぐらいそのままに。個別に包装されているので、旅行にも便利。

シートマスクは濃縮された有効成分がたっぷりしみこんでいるので、クリームタイムのパックより効果が高いとされています。シートマスクを使用するときには、美容液が肌に吸収されていくのをリラックスしてじっくり待つようにしましょう」

3

とにかく、しっかり保湿をする

効果が表れるまでに、時間のかかる化粧品もあります。ふつうは使用しているクリームにすぐさま効果が出ることを期待するでしょうが、長期間使用してはじめて効果が出る製品もあるのです。わたしたちは、その橋渡しをしなければなりません。

――オディール・モーエン（ロレアル リサーチ&イノベーションのグローバルディレクター）

信頼できるプロのアドバイスを頼りにする

フランスの女性は、フェイシャリストやエステティシャンに加え、行きつけのファルマシーをとても頼りにしています。

フランスの「ファルマシスト」はフランス独自の教育を受けていて、アメリカの大規模ドラッグストアの店員とは異なりスキンケアに関する深い知識を持ち、店頭でさまざまな相談にのってくれます。

わたしたちは若いころから地元のファルマシーに行き、専門家のアドバイスをもらいます。もっとも保湿力の高いクリームはどれか、どの製品が自分の肌に合うのか、ニキビや乾燥にベストな方法はなにか、など。

家の近くによき相談者がいてくれれば、スキンケアのよい習慣も身につきやすくなります。ですから、今わたしが住んでいるアメリカの友人たちにも、「信頼できる皮膚科専門医やお気に入りのエステティシャンを見つけなさい」と伝えています。

年代別に「保湿」についてアドバイス

母のおかげで、わたしはティーンエイジャーのころから「保湿」をスキンケアルーティンの一部としてきました。

若いころのわたしはかかりつけのファルマシストや皮膚科の先生から薦められたニキビケア成分を含むライトなモイスチャライザーと、近所のコスメストアの棚で目に留まった製品を交互に使っていました。

当時フランスのスキンケアブランドは、ティーンエイジャー向けの新製品を次々に開発していたので、友だちといっしょにどれを買うか、何時間も迷ったものです。成分リストよりカラフルなパッケージに惹かれて選んでしまい、失敗することもたびたびでした。

◇ジュネス（20〜34歳）

あなたがオイリー肌でも、保湿は必要です。オイリー肌用のケア製品が肌を乾燥させてしまうこともあります。肌は乾燥を感じると、皮脂をよけいにつくりだそうとするので、オイリー肌と乾燥肌を永遠に繰り返すという悪循環に。頬はカサカサしているのに、額はベタベタしているといったようなことにもなりかねません。

◎すべきこと

モイスチャライザーは、オイルフリーで毛穴を詰まらせないライトタイプを選びましょう。ペトロラタム（ヴァセリンのように毛穴を詰まらせる成分）は、若い年代の肌には重すぎるので避けましょう。

◎オススメの保湿製品

✣肌のタイプ／コンディション（ニキビケア、乾燥肌用など）にもよるが、アベンヌ、ビオデルマ、アンブリオリス、ラ ロッシュ ポゼ、ニュクス、ディオール〈イドラライフ ソルベクリーム〉などの軽めのクリームがオススメ。

✣オールインワンの製品がよければ、BBクリーム（ブレミッシュバーム）かCCクリーム（カラーコレクション）にトライ。保湿効果に加えて、肌色をコントロールする下地の役割とシミやくすみをカバーする自然な仕上がりや、日焼け止めの効果も期待できる。ラ ロッシュ ポゼ〈エファクラールBBブリュール〉やエルボリアン〈CCクリーム〉がオススメ。

✣アロエベースで敏感肌によいオズミア オーガニックス〈ピュアリーシンプル・フェイスクリーム〉や、ヴィントナーズドーターのラグジュアリーなドライオイルもわたしのお気に入り。

✣夜、あなたの肌が完全にきれいで肌色もよければ、モイスチャライザーを毎日使わなくてもかまわない。

◇プレニテュード（35～54歳）

30代半ばを過ぎると、肌の自然な輝きを保つために保湿性の高い化粧水やクリームが必要になります。

◎すべきこと

肌に直接あるいは美容液の上にデイクリームを塗るなどして、シンプルなルーティンを守りましょう。

また、即効性の高いフェイスパックやシートマスクを使いはじめるのにちょうどよい時期です。美容液がしみこんだシートマスクは手軽に使えて後始末も簡単。暑い季節、あるいは冬でも家の中が暖かく乾燥しているときは、マスクを冷蔵庫で冷やすとひんやりとした使用感が楽しめます。

プレニテュードにはなぜ保湿が大事なのでしょうか？　35歳前後には水分不足による小ジワが現れることが多く、よい保湿剤を使ってもシワが消えないことがあります。そういうときは、バイオテクノロジーを応用したクリームを使うと効果が出ます。

バイオ化粧品は、コラーゲンの生成を促すだけでなく、小ジワを物理的に隠して見えなくすることができます。いったいどうやって？　小ジワをふさぐのです。

レンガの壁を想像してみてください。レンガとレンガの間をコーキング剤などで埋めるのと同じことです。クリームを使って肌の目地を埋めるのです。ただし、あまり長持ちはしません。一日しかもたないので、夜の洗顔で洗い流したあとはもう一度翌日のために塗りなおしましょう。

◎オススメの保湿製品

フィロルガの美容液をつけてからメイクをするのが理想的。わたしは季節によってクリームをリッチなものに代えます。

濃密なものでお気に入りは、アベンヌ〈リッチクリーム〉、クリニーク〈モイスチャーサージ〉、コーダリー〈フェイスリフティング・ソフトクリーム〉、クラランス〈Mアクティヴ デイクリーム〉か〈ファーミングEXデイクリーム〉、エスティローダー〈シュープリームウェイクアップバーム〉です。

夏向きのライトタイプでは、フィロルガ〈イドラフィラープロユースブースティング・モイスチャライザー〉がよい選択でしょう。

日差しが強くなる夏の数か月は、スキンシューティカルズ〈フィジカルマットUVディフェンスSPF50〉を使うといいでしょう。

◇マテュリテ（55歳以上）

◎すべきこと

50代になってからは、より保湿性の高い製品をスキンケアのルーティンに加えることになるでしょう。効果が長く続くようになるまではひたすら我慢。

エリザベート・ブアダーナはこう言っています。

「潤いを集めてすぐに効果を発揮できる化粧品もないわけではありません。たとえば、リンクルクリームは、光をソフトフォーカスで分散させ、シワをぼかして目立たなくする成分と、シワを防ぐために皮膚細胞を刺激する有効成分の両方が入っています。シワを防ぐ活発なバイオ成分が表皮の奥深くに浸透していき、皮膚細胞に働きかけるのです。

通常、新しくつくられた皮膚細胞が肌の表面に達するには少なくとも21日から28日かかりますが、そのプロセスは年齢とともに遅くなります。そこですぐに結果を出せる製品が開発されました。それがたとえ〝偽物《フェイク》〟の効果であっても……肌の色をよく見せ、シワを目立たなくさせている間に、バイオ成分に皮膚細胞のなかでじっくり仕事をさせるという仕組みです」

つまり、モイスチャライザーやリンクルクリームを利用して肌をすばやく改善させたように見せつつ、約1か月はかかるという肌の深いところでの成果に期待、というわけです。

◎オススメの保湿製品

祖母レジーヌの話

保湿のパイオニアはカリタね。カリタのモイスチャライザーはすばらしいテクスチャー。信じられないくらいサラッとしていて、ライトな使い心地でべたつくこともないのでメイク下地にうってつけ。小瓶で売られているわ。

母ロレーヌの話

朝はビタミンCで集中ケアするフィロルガの〈C - リカバーレイディアンスコンセントレート〉を使い、そのあとは同じくフィロルガの〈イゾストラクチャーアブソリュートファーミングクリーム〉を。アベンヌも昔からのお気に入り。イングリッド・ミレの〈ペルルドゥキャビア・バイオマリンエクストラクト〉を使った夜は、肌に輝きと若さがよみがえる。本当はだれにも教えたくないわたしの企業秘密！　いまだかつてないほど肌を輝かせてくれる「魔法の美肌クリーム」よ。もう40年近く使ってるわ。メイクは長持ちするし、疲れた顔も嘘のよう。

祖母レジーヌの話

わたしは長い間、オルラーヌを愛用している。なかでも〈B21ローションエクストラオーディネール〉はとくにいいのよ。ラ ロッシュ ポゼ〈シュブスティアンヌヴィジブルモイスチャライザー〉やディオール〈プレスティージュ・ラ・クレーム〉やコーダリーも使ってるわ。

4 美容液とナイトクリームはこうして使う

「美容液」は両手で温めて肌にしみこませる

美容液（セラム）は、1980年代に登場しました。そのころちょうど、女性たちのライフスタイルが変わってどんどんアクティブになり、それに合わせて化粧品もライトであっても効果が高く、集中ケアを行えるものが求められるようになったのです。

美容液はその効果によって何種類かに分かれます。多くの有効成分が配合された修復効果の高いオイルベースのものから、保湿、引き締め、毛穴ケア、美白、くすみ対策、ビタミン（ビタミンCなど）補給などに特化したものまで幅広いです。ほかの美容液やお気に入りのモイスチャライザーといっしょに使用することもできます。

メイクアップアーティスト、エリザベート・ブアダーナの話

セラムは、有効成分の「運び手」としてはなかなかいいけれど、大切なのは、「有効成分がきちんと入っているか」ということ。

たとえば、ビタミンCが20パーセント配合されたビタミンCクリームがあるとしましょう。でも、正しく調合されていなければ、いくら朝と夜に使っても効果は出ません。ビタミンCは酸化しやすく、肌に浸透しにくいため、酸化を防ぎ角質層への透過をよくするビタミンC誘導体の調合が必要となるからです。

薬用タイプの美容液には、浸透力、補正力、活性力の高いバイオ成分が含まれています。クリームタイプの美容液を使えば、保護力、栄養、保湿の効果が高く、使い心地のよさも期待できます。

美容液を使う際は、肌をきれいにしてなにも残っていないようにするのもポイント。

◎美容液のつけ方

肌になにを求めるかによって、選ぶ美容液も変わります。たとえば、朝はクレンジングのあとに「美白美容液」を、夜はクレンジングルーティンを終えたあとに「栄養たっぷりの美容液」を、といった具合。

美容液はかならずクレンジング後のきれいな顔につけましょう。モイスチャライザーのあとにつけてしまうと、成分が浸透しないのでせっかくの美容液が無駄になります。

母は、1982年の発売以来、エスティローダーの〈アドバンスナイトリペア〉の大ファン。これは、ヒアルロン酸を含む史上初の製品。スキンケア市場に大きな影響を与えました。今では信じられないでしょうが、当時は画期的で、最新式のスキンケアが自宅でできると評判になりました。

わたしはというと、ジャック・クルタン＝クラランス（クラランスのコスメ帝国の創業者でクラランスメソッドの考案者）の孫娘、プリスカ・クルタン＝クラランスに勧められたクラランスメソッドを実践しています。「肌はつねにやさしくていねいに扱う」これがジャックの信条です。

まずはクラランス〈ダブルセーラム〉を適量手のひらにとり、両手を合わせて温めます。それを手のひら全体で顔、首に軽くたたきます。それから手のひらを顔に軽く押し当ててから、顎や額に伸ばしていきます。最後に首にやさしく押し当てて、おしまい。美容液が肌にしっかりしみこんでいきます。

55歳になったら「ナイトクリーム」をプラス

寝ているあいだにケアをするという、モイスチャライザーやナイトクリームを毎晩つける必要があるでしょうか？

その答えは、「あなたの肌しだい」。一日の終わり、とくにクレンジングのあとに肌が乾燥していると感じなければ、そのままで大丈夫。でも、マテュリテが肌の潤いをアップさせたいときには、ナイトクリームを利用する必要があるかもしれません。

たくさんのスキンケア製品を使う必要はない

スキンケアの専門家たちが共通して言うのは、「つい使いたくなる気持ちはわかるが、そんなにたくさんのスキンケア製品を使う必要はない」ということ。

たくさん使えば効果が出るというものでもありません。まずはひとつの製品――基本的なモイスチャライザー――からはじめて、必要に応じて調整していけばいいのです。効果が実感できたら使いつづけたいと思うでしょうし、よいと思える製品は長く使えば使うほど効果もあがります。

わたしの夜のお手入れは、その日の肌の見た目や感触で変わります。ターマルウォーターをさっと振りかけるだけで終わる日もあれば、ナイトクリームかドライオイルで顔と首に潤いを与えることも。一分間、クリームでじっくりマッサージすることもあります。

まずは目のまわりから顔全体へ、次に顎のラインから頬に上がっていって額、最後は首のまわりでおしまいです。

祖母レジーヌの話

65歳のとき、わたしもとうとうナイトクリームを塗るようになった。それまではずっとナイトクリームは使っていなかったわ。寝るときは肌になにもつけないのが好きだったから。そのほうが肌も呼吸できるような気がして。もちろんもっと若いころの肌は、寝るときに特別な保湿ケアの必要もなく、翌朝には十分休息がとれているように見えた。

でも今は、わたしの肌はより潤いを必要としているの。朝起きると肌がしなやかで、ハリがあるのも、ナイトクリームのおかげね。

◎オススメのナイトクリーム

試してみて大好きになったナイトクリームは、クラランスの〈ファーミングEXナイトクリーム〉と〈Mアクティヴ ナイトクリーム〉、ダルファン〈リニューイングバーム〉、ニュクス〈クレームフレッシュ〉、ゲラン〈ミッドナイトシークレット〉。もし、オイルタイプのサテンのような仕上がりが好きなら、アレクサンドラ・ソベラル〈ミッドナイトオイル〉、エアリン〈ローズドゥグラッスオイル〉、マリサ・ベレンスン〈ファビュラスオイル〉、コーダリー〈オーバーナイトリカバリーオイル〉、エスティローダー〈アドバンスナイトリペア〉を試してみて。

部屋を「加湿」するのは肌にも効果的

あなたの住んでいるところが熱帯や多湿気候の地でないなら、家のなかや仕事場がとても乾燥しているかもしれません。そうなると、目や鼻や肌が痛くなったりかゆくなったりします。

それを簡単に解決する方法は、加湿器を買うこと！ 肌だけでなく、鼻の粘膜や冬の荒れた唇にも効果的で、買う価値は十分にあります。そのうえ、木製の家具が乾燥でひび割れたり、壁紙がはがれたりするのも防げます。フランスの家は乾燥しているのです。

ただし、加湿器は定期的に洗浄すること。さもないと、雑菌が繁殖するおそれがあります。

オフィスなどでは、水を沸かして蒸気を出すスチーム式が安価でいいでしょう。専用のアロマオイルを使用することができるものもあります。加湿器は高温になるので、幼い子どもやペットが触れることのない安定した場所に設置する必要があります。

5 デリケートな目もとはスペシャルなケアを

40代になったら「アイクリーム」を使いはじめて

いくつになっても、目のまわりの毎日のケアは欠かせません。目の下やその周辺の肌は、顔のほかの部分とくらべても、とくに薄くデリケート。特別なケアが必要です。この部分には皮脂腺が少ないため、乾燥しやすく、小ジワやシワができやすいのです。また、目には毛細血管が集中しているのでクマもできやすく、色白の人はそれが青黒く目立つことも。目のまわりの皮膚はとても薄いため、水分不足による小ジワが目立ちます。それだけでなく、まばたきしたり、すがめたり、顔の表情によって目を動かすことが多いので、よりシワができやすいのです。

でも、あなたが30歳ならまだ大丈夫。濃い保湿クリームを適量塗るだけで、水分不足によるシワは簡単になくせます。でも35歳以上になると、それもだんだんむずかしくなってきます。シワが深くなり、保湿をしても完全に消すことができなくなるからです。

オ テルマール アベンヌのナショナルエデュケーション&イベンツの所長ジェームズ・キヴィアーはこう言っています。

「デリケートな目のまわりのケアはとても大切。加齢の兆候が出るのを防ぐためにも、目のまわりの肌もほかの部分と同じく早い段階からケアをすべきです。年をとればとるほど、細胞のターンオーバーを促したり、コラーゲンやヒアルロン酸の生成を促し、血行をよくして目の下のクマをなくしたりするような成分が必要になります。ただ、成分の濃度は、顔全体に使うものよりは低めのものにしてください。40代になったら、アイクリームを使いはじめましょう。潤いが肌の保湿力を高め、血行を促進し、腫れやむくみを減らしてくれます」

アイケア製品を定期的に使うメリットはまだあります。肌が潤い、やわらかくなるので、コンシーラーがスムーズにのびやすくなったと感じるでしょう。

アイクリームはかなり高価ですが、使う量が少ないのでじつは長く持ちます。お金をつぎ込んだ分見返りが得られる、高品質の製品なのです（それに、ラグジュアリーなパッケージがぜいたくな気分にさせてくれるので、悪いことはありません！）。

◎わたしたちのお気に入りのアイクリーム

コーダリー〈ヴィネクスペールアイ&リップセラム〉、アンブリオリス、エンビロン〈C－クエンスアイジェル〉、キールズ、資生堂、アベンヌ〈スージングアイクリーム〉。

夜のお手入れに加えたいなら、ジェームズ・キヴィアー推薦のアベンヌ〈フィジオＬＦアイ〉が補正力の高いアンチエイジングアイケア製品として、目もとのむくみやクマを軽減してくれます。

気づかないうちに日焼けしている「唇」のケア

つい忘れがちですが、唇にも「特別なケア」が必要です。日差しによって気づかないうちに日焼けしているのです。

「ふつうの口紅」やツヤを抑えた「マットタイプのリップ」を塗れば日焼け防止になりますが、透けるような質感の「シアータイプの口紅」や「リップグロス」では日焼けは防げません。「リップバーム」を肌身離さず持ち歩き、頻繁に唇に塗りましょう。

わたしはビオデルマのリップバームを就寝前に使っています。眠っている間も唇の潤いを保ってくれます。

唇を定期的に軽くこするのも効果的。ふだん使っている歯ブラシで（歯磨き粉はつけないで！）やさしくこすります。こうすると、唇のひび割れや乾燥を防げます。

このあと、保湿効果のあるリッチなリップバームをつければ完璧。

◎わたしたちのお気に入りのリップケア製品

リッチなテクスチャーが気に入っているブランド：クラランス〈インスタントライトナチュラルリップパーフェクター〉、ビオデルマ〈アトデルムリップスティック〉、ニュクス〈リーブドミエルリップバーム〉。

モデルやメイクアップアーティストが愛用していて、フランス女性のとっておきのアイテムといえば、フランスの万能クリーム〈オメオプラスミン〉です。肌荒れを緩和するだけでなく、繊細な唇をしっかり保護し、口紅のもちもよくしてくれます。眉毛を密にしたり、形を整えたりするのにも使えます。手頃な価格で驚くべき結果を出す、まさに万能のクリームです。

Chapter

4

サンケアとトラベルケア

永遠。それは太陽とまじわる海だ。

——アルチュール・ランボー（詩人）

太陽は悪者、肌を荒らす首謀者

今でも目を閉じると、家族旅行に行ったときに祖父がつけていたジャン パトゥの〈ユイルドゥシャルディ〉という「サンタンローション」のかぐわしい匂いを思い出します。いろいろな花の香りが混ざり合った官能的な匂いで、肌をいたわりながら日焼けができる高級サンオイルでした。その芳醇《ほうじゅん》な香りを堪能したいがために買う人も多かったという人気商品。わたしの両親もかならず手元に置いて、すばやく肌を焼きたいときに使用していました。

わたしが子どものころは、（こんがり）日焼けをするのが流行の最先端だったなんて、今から思えば馬鹿げた話ですが、当時はそういう時代でした。

わたしもフレンチ・ミューズのブリジット・バルドーにどんなにあこがれたことか。彼女が愛したサントロペのゴージャスな太陽の下で、光り輝くその姿に胸を焦がしたものです。彼女のヒット曲「ル ソレイユ（ミスター・サン）」を歌いながら、家のなかを歩きまわりました。

残念なことに、いまだに人気のビーチへ行けば、肌を焼いて《ベイキング》いる人が山のようにいて、太陽崇拝は少しも衰えていないように思えます。

その一方で、日の光に体をさらすことは、肌にダメージを与え老化を早めるいちばんの原因になります。年齢に関係なく、太陽から身を守ることが大事です。

とはいえ、日焼け愛好家《サンタンラバー》たちには、〝健康的〟な日焼けなんてあり得ないことも、日焼けによる肌のダメージは蓄積されるということも知られていないのです。

30歳では大丈夫でも、40歳、50歳になったときにそれがシワやシミ、肌のたるみとなって表れてくるのです。

パリジャンで世界的な形成外科医のドクター・オリヴィエ・ドゥ・フラアンは、こう断言しています。

「太陽は悪者、肌を荒らす首謀者。あとは〝喫煙〟と〝愛情不足〟です」(ほんと、なんてフランス人らしいのでしょう！)

1

太陽からあなたの顔と体を守る

何歳になっても「日焼け防止」は絶対必要

紫外線には2種類あります。「UVA」（波長が長く、老化の原因になる）と「UVB」（波長が短く、日焼け後すぐに表れる炎症、赤み、色素沈着といった表面的なダメージのもと）です。「SPF」とは日焼け防止指数のことですが、UVBからの防御の度合いを数値で表したものです。

まず、日焼けによるやけどは絶対に避けましょう。

UVBによる肌の炎症は有害です。それ以上に深刻なのは、UVAによる真皮レベルのダメージ。UVAは細胞をひどく傷つけます。細胞のなかにまで達することができるので、遺伝子コードを破損し、良質なコラーゲン、ヒアルロン酸、そして正常な生命活動に必要なその他のたんぱく質をつくりだす細胞の能力に悪影響を与えるのです。太陽光線のUVAは、あなたのDNAそのものを変えてしまうのです。

ラ ロッシュ ポゼ皮膚科学研究所の科学部副部長ドミニク・モワイヤルによると、「何歳になっても、日焼け防止が必要」とのこと。

肌を日にさらしても、日光に対する抵抗力や適応力がつくわけではありません。ただ傷つくだけなのです。つまり、それが日焼けの正体。

また、長い時間、日に焼かれることは、「皮膚がん」の直接の原因にもなります。

ドミニクは、UVAとUVBの両方を防ぐことができるブロードスペクトラム（広範囲）の日焼け止めを、ふだんよりさらに多め（顔にはスプーン一杯、体には30グラム弱、実際にどれくらいか測ってみるとよいでしょう）に使用することを勧めています。

また、SPF50の日焼け止めが、SPF10の日焼け止めの5倍の強さがあるというわけではありません。SPFとは、UVBから肌を守る能力を意味し、それをつけることによっておおよそ何分、日を浴びていても大丈夫か、ということを指しています。

たとえば、20分で日焼けをしてしまうところで「SPF50の日焼け止め」をつけていれば、その50倍の時間（約17時間）は守られるということになります。それでも定期的に塗りなおす必要がありますけれどね。

日の光を「顔に浴びる」のだけは避けて

茶色や白色の斑点も、「太陽のダメージを受けている」というサインです。

ほくろ、そばかす、肝斑《かんぱん》（両頬の下に左右対称にみられるシミ）、あるいはただの加齢によるシミなどです。しっかり保護しないと、どんどん黒くなったり白くなったりするので注意が必要です。

オテルマール アベンヌのジェームズ・キヴィアーはこう言っています。

「シミ、そばかすなどの予防で重要なのは、とにかく日の光から守ること。正しい製品／成分を使えば、シミやそばかすを減らすこともできます。ビタミンA誘導体のレチノールは、細胞の再生を促すのでシミを目立たなくしてくれます」

色が濃く目立つシミは、皮膚科専門医で取ってもらうこともできます。その場合、レーザーや液体窒素を用いた治療が行われます。こうした治療は紫外線の影響が限られる「冬季」に行うのがいいでしょう。

また、肌に傷があるときには、特別な対策が必要です。傷のまわりの皮膚の色がかすかに変わり、周辺の皮膚の色と違うことがあります。炎症が色素沈着を引き起こしているからです。それは日に焼けて肌が黒くなるのと同じ。傷が完治すればもとに戻りますが、日の光にさらされると残りやすくなります。SPFの高いブロードスペクトラムの日焼け止めをつけましょう。

とはいえ、わたしたちはみんな太陽が大好き。日差しを浴びると気持ちがよく、元気になります。そして健康に欠かせない「ビタミンD」をつくりだすこともできます。また、「メラトニン」の分泌を調整し、規則正しい自然な睡眠サイクルをもたらす助けにもなります。

ビオロジック ルシェルシュ（皮膚の表皮が深部組織とどう連携しているかというインターフェース美容学のもとに、ソフトピーリングを取り入れた表皮ケアで定評のあるフランスのラグジュアリースキンブランド）のドクター・フィリップ・アルーシュはこう言っています。

「日の光を浴びるのがいいときもあります。でも、顔に浴びるのは避けるべきです。それでなくても顔は外的な要因によっていろいろな攻撃を受けているのですから」

太陽と賢くつきあうための6つのルール

ファルマシストのクレール・ボーセが、太陽と賢くつきあうためのルールを教えてくれました。太陽が降りそそぐところでのバカンスを計画している人には、絶対に守ってほしいルールです。

クレールは、南フランスにある彼女のファルマシーで、真夏の太陽の下を歩き回り、日焼けによる炎症で苦しむ人たちをたくさん見てきたそうです。

ルール1：3歳未満の子どもは、日光に当てないこと。

ルール2：13時から15時の日光には当たらないこと。外出する、とくにビーチへ行くのは、午前中の早い時間帯か日没時に。夏なら、17時から19時ぐらいがビーチでくつろぐのに最適。

ルール3：自分の肌の敏感さに合った日焼け止めを使い、1時間ごとに、また泳いだあとにはかならずつけなおすこと。外出するときにもしっかりつける。肌の色が薄く、皮膚がんのリスクがある人は、効果が長時間持続する日焼け止めを使用すること。日焼け止めにも有効期限があることをお忘れなく。商品ラベルに書かれているプロテクト効果を最大限に引き出すには、毎年、新しい製品を買いなおすこと。

ルール4：多くの妊婦が、妊娠4か月前後で黒皮症にかかる。ホルモンの急増とメラニン合成の促進が原因のこの疾患は、額の真ん中や顎や口のまわりに色素過剰沈着を引き起こし、黒や灰色がかった斑点が現れるというもの。帽子をかぶる、SPFの高い日焼け止めをつける、日焼け止めをつける前に色素沈着を防ぐ美容液やクリームを使うといった対策が必要。

ルール5：日光に当たったあとは、肌に潤いを与えることが不可欠。

ルール6：ルール2と3を守らずに日焼けしてしまった場合には、水をたくさん飲んで、体の内側から肌に水分を補給することが大事。

ラ ロッシュ ポゼのターマルウォーターを使えば、肌のほてりをしずめることができる。しばらくしてから、日焼け後のケア用ジェルを塗る（ヨーロッパで入手できる〈オスモソフト〉ジェルは効果抜群）。それ以降は、日光はいっさい避け、夏が終わるまでSPFの高い日焼け止めを使用すること。頭痛や吐き気があれば、アスピリンを服用する。

さらに、サンプロテクト製品を身につけるのはいうまでもありません。UVAとUVBをカットする繊維でできた帽子、Tシャツ、ジャケットなど、UPF（紫外線防御指数）と書かれたラベルの商品を探してみましょう。その数字が大きければ大きいほど紫外線から守られる度合いが高くなります。幼い子どもや日焼け止めが苦手な大人にはとくにオススメです。

プロが教える、日焼け前の準備と日焼け後のケア

ニューヨークをベースに活躍するホリスティック・フェイシャリストのイザベル・ベリスは、とても美しい肌をしています。彼女に話を聞くときには、かならずメモをとるようにしています。サンケアについての彼女のオススメは以下のとおり。

ホリスティック・フェイシャリスト、イザベル・ベリスの話

日光を浴びる前には、肌の免疫力を高める抗酸化物質をたくさん摂取する。ビタミンC（葉物野菜、柑橘類）、ビタミンE（油脂、アーモンド、アボカド、かぼちゃ、魚、ブロッコリー）、亜鉛（ナッツ類、ほうれん草、魚介類、かぼちゃの種子）を含む新鮮な食品をたくさん食べること。これらは、日焼け対策だけでなく、あらゆる面で健康にもいい。

ビーチでのバカンスなど、日の当たる場所で長時間過ごす予定の日までの2週間はどんなエクスフォリエーション（角質除去）もピーリングもしないこと。表皮脂質へ

のダメージは肌を過敏にしてしまうので、それを防ぐ意味でも、ピーリングなど強い酸を含む製品の使用はやめる。アルコールの入ったスキンケア製品は、肌をひりひりさせるので、3日以上前から控えること。

日焼け後のアフターケアとしては、純正《ピュア》アロエベラをほてった肌に塗る。だが、「100パーセント純正」と商品ラベルに表示されていても、アルコールを含んでいたり、アロエベラが少量しか含まれていない製品があるので要注意。アーモンドを搾って濾過《ろか》しただけのバージンアーモンドオイルもほてった肌にいい。皮がむけないようにやさしく塗ること。

日焼けした肌を冷やすこともとても大事。鎮静作用と強い抗炎症作用のあるカモミールの新鮮な葉で冷湿布をつくるといい。ハーブのホーリーバジル（インドなどで5000年前から使われてきた薬草、別名トゥルシー）もクールダウン効果がある。

ハーブの冷湿布の作り方は簡単。浄水した水（ここがポイント！）を沸かしたお湯に、ハーブを入れたティーバッグを浸し、冷蔵庫で冷やす。その冷たい抽出液にきれいな綿布を浸して絞ったものを日焼けした部分にやさしく当てる。肌のほてりが落ち着くまで繰り返す。

◎わたしたちのお気に入りの日焼け止め

夏の日常使いなら、色づき《ティンテッド》のＳＰＦ製品を試してみて。エルボリアン〈ＣＣクリームスキンパーフェクターＳＰＦ25〉は、忙しい女性には理想的。これひとつで何役もこなしてくれるマルチタスク製品。

エルボリアンの〈スキンパーフェクター〉は、手にたらしたときにはただの白い液だけれど、こすると色のついたモイスチャライザーになり、ＳＰＦも高い優れもの。オイリー肌の人のふだん使いには、スキンシューティカルズの〈フィジカルマットＵＶディフェンスＳＰＦ50〉がオススメ。

急に屋外でのアクティビティに参加しなければならなくなったり、日の当たるテラスでランチすることになったり。そういうこともよくあります。そして、うっかり日差しを浴びすぎてしまうことも。

そんなときには、すぐに使えるように持ち運びに便利な日焼け止めをバッグに入れておくとよいでしょう。オススメは、クラランス〈ＵＶ-プラスブロードスペクトラムＳＰＦ50ティンテッドスクリーン〉、資生堂〈ＵＶプロテクティブリキッドファンデーション〉、シャネル〈ＵＶエサンシエル　マルチ　プロテクシオンデイリーディフェンスサンスクリーン　ブロードスペクトラムＳＰＦ50ＵＶ〉。

ビーチへ出かけるときはＳＰＦの高い日焼け止めを欠かさないこと。わたしは、アベンヌ、ガルニエ、ラ ロッシュ ポゼ、スーパーグープ!、ロレアルが好きです。もちろんUVカットのTシャツと涼しげな帽子も忘れません。

イザベル・ベリスの話

わたしは、ジョエル シオッコの〈エリクシールニュティィリティフ〉のようなオイルを塗るのが好き。日焼け止めの下にもう一枚保護膜がつくれるから。

日焼け止めなら、MDソーラーサイエンス〈ミネラルクレームSPF50〉。毛穴が詰まることもなく、肌を乾燥させることもなく、つけたあとの肌が白っぽくなってしまうこともありません。おまけに、この日焼け止めは皮膚がんの研究機関のお墨付きなのです。

2

旅行中のスキンケア

飛行機に乗るときは「ノーメイク」が基本

20代前半、ディオールのパリオフィスで働いていたわたしは、いつもワクワクしていました。アメリカのチームとのプロジェクトのためにニューヨークへの出張を命じられたときには、それはそれは興奮していました。

出発前日、開発中のナイトクリームの新バージョンがラボから送られてきました。ラボサンプルはたいてい、白い瓶に入れられ、そこにコード番号のラベルが貼られただけのシンプルなもので、オシャレな感じはいっさいありません。

その特殊なクリームは、輝くような白色でフローラルの香りがしました。試してみたとたん、すばらしい芳香とすぐにしみわたる潤いに思わず歓喜のため息が漏れたほどです。

まだまだ試験段階でしたが、わたしはその小瓶のひとつをバッグに入れると、大西洋上を飛んでいるときに、その魅惑のクリームを顔と首に塗ってみました。すると肌の調子がすぐによくなり、フライトの間じゅうずっと守られているような感じがしました。

飛行機から降りたったときも、わたしの肌はまったく輝きを失っていませんでした。当時はまだ、わたしが若かったこともあるでしょうが、それだけではなく、のちにディオールの〈ラ クレーム ニュイ（ナイトクリーム）〉として発売されることになるこのサンプルクリームのおかげでもあったのです。

それ以来、わたしは旅行に行くときには、ふだん以上に気をつけるようにしています。飛行機に乗る前には、かならず洗顔と保湿を行います。フライト中はさらなる保湿につとめ肌をひきしめるフェイシャルマッサージも欠かしません。

旅行の当日と到着後すぐにはお酒を飲まないとも決めています。時差ボケが直るまでは、むくみを防ぐためにも飲むのは水かハーブティーだけ。

わたしの母はいつもこう言っています。「飛行機に乗るときのメイクはアイメイクだけ。ほかのメイクはなし。そうすれば、いつでもモイスチャライザーやフェイシャルオイルをつけることができるでしょ」

朝起きたときに飲む「ハーブティー」のつくり方

才能あるジャーナリストで、ナチュラルヘルスについての著作もあるマリー＝ロール・ドゥ・クレルモン＝トネールは、最近、わたしのオンラインマガジンにこう書いていました。

ジャーナリスト、マリー＝ロール・ドゥ・クレルモン＝トネールの話

植物のタイムは「体の免疫システム」を強化してくれます。ですから、朝起きがけにいつも、タイムの葉（コモンタイム）を煎じたものを飲むことにしています。感染症予防に効果があり、活力アップにもつながります。レモンも、肝臓をきれいにして、肌の色をリフレッシュしてくれます。

レモンの煎じ方は、約1リットルの水に有機栽培のレモン（皮のまま、皮にはエッセンシャルオイルがあるため）をいっぱい入れて、シナモンスティック2本（あるいはシナモンパウダーをスプーン半分）と合わせて10分間煮立てます。お湯に浸したま

まのレモンをフォークでつぶし、裏ごしして、できるだけ熱くして飲みます。

シナモンには強壮効果があり、その抗菌性と抗ウイルス性が感染症から守ってくれるのです。

そして、鼻が詰まったときなどに点鼻する「生理食塩水のスプレー」も不可欠です。毎日使用するものですが、旅行に行っても、鼻腔内に水分を補って洗浄することができるようにと、いつもバッグに入れています。

わたしが常備している「マストアイテム」はこれ

わたしは、トラベルサイズの化粧品やサンプルを旅行用のポーチに常備しています。旅行から帰ってくるたびに補充しておきます。そうすればつねに準備万端、いつでも出発できます！　わたしのマストアイテムは以下のとおり。

✣手の除菌ローション（バーツビーズ、ピュレル、バイレード〈リンスフリーハンドウォッシュ〉）
✣保湿ハンドクリーム（エアリン、クラランス）と爪やすり

✣リップバーム（ビオデルマ、オメオプラスミン）とリップグロス
✣ハーブティー（クスミティー〈BBデトックス〉もしくはパッカ〈デトックス〉か〈クレンズ〉）
✣スナック類（アーモンド、カカオ85パーセントのダークチョコレート。機内食の重いデザートのかわりに）
✣耳栓、アイマスク
✣トラベルサイズのフェイシャルモイスチャライザー（ニュクス、パイ）
✣到着直前に塗るコンシーラーとてもライトなファンデーション。たとえば持ち運びが楽なディオールの〈カプチュールドリームスキンモイストクッション〉、出先でちょっと補正するのにぴったり。
✣フライト時間が3時間を超える場合には、コンプレッションストッキングが必需品。血液の循環をよくし、足のむくみ解消にとてつもなく大きな効果を発揮する（7章でさらに詳しく）。

「美のエキスパートたち」のトラベルケアの極意

美のエキスパートは、旅行のときにどんなケアをしているのでしょう？　エキスパートたちに聞いてみました。

◎プリスカ・クルタン＝クラランスのフライト＆トラベル・キット

✣飛行機による旅行では、「肌への潤い補給」が必要。機内では「水」をできるだけたくさん飲み、クラランス〈イドラエッセンシエル〉で肌を保湿。

また、唇にはクラランスのローズワックスエキスを含んだ〈シュペールイドラタンモイスチャアリップバーム〉を。クラランス〈レッグリフレッシンググローション〉は、足のむくみを抑えるミラクルな製品。

✣わたしのトラベルビューティルーティンは、たとえ旅行中であっても家にいるときと同じでありたいというもの。毎日使用しているものをすべてトラベルサイズにして持っていくことにしている（わたしが使うのはすべてクラランスの製品！）。

フェイス用に〈ダブルセーラム〉、〈Mアクティヴ デイクリーム〉、〈トーニンググローシヨンドライ／ノーマル〉、〈デマキャンエクスプレス〉、〈ジェントルフォーミングクレンザーノーマル／コンビネーション〉。ボディ用には〈トニックボーディバーム〉、〈ボディオイル〝トニック〟〉がお気に入り。

✣メイクもナチュラルなものを使うことが多い。〈スーパーボリュームマスカラ〉（まつ毛の発毛も促進する）、クラランス〈BBスキンパーフェクティングクリームSPF25〉、そしてクラランス〈ブラッシュプロディジュチークカラースイートローズ〉。ヘアケアはレオノールグレユの〈シャンプワン レビ〉を使う。

◎クレール・ボーセのトラベル・ビューティキット

✣こんにゃくスポンジ（こんにゃくの天然繊維100パーセントでつくられている弱アルカリ性の洗顔用スポンジ）はクレンジングとソフトなメイクアップリムーバーの二役をこなしてくれる。

✣ルネ フルトレールの〈ソレアナリッシングリペアシャンプー〉は、紫外線、塩分、塩素の影響により乾燥して傷んだ髪を補修する。

✣ビオデルマ〈イドラビオ オーデソインSPF30〉

✣ビオデルマ〈イドラビオクリーム〉

◎イザベル・ベリスのトラベル・ビューティキットとトラベルケアのヒント

✣アベンヌ〈ウォーター〉
✣ジョエル シオッコ〈レ・オンクテュ・キャピタル〉
✣ジョエル シオッコ〈ローションラクテ〉
✣ジョエル シオッコ〈エリクシールニュティイリティフ〉
✣ラベンダーのエッセンシャルオイル
✣美しい帽子と、長袖のサーフTシャツ

イザベル・ベリスは次のようなヒントもくれました。旅行中のあなたのスキンケアに合うようにアレンジしてみてください。

◎イザベル・ベリスのトラベル・スキンケアのヒント

✣飛行機に乗る少なくとも1週間前からは、きついスキンケアは控えること。旅行中の肌に大きな負担をかけてしまう。また、機内はそれほど衛生的ではないので、厳しい環境から肌を守るために免疫力を高めておくといい。

✣機内は非常に乾燥するので、メイクをしないで素顔のまま乗ることを強く勧める。メイクすると肌をさらに乾燥させ、肌が正しく呼吸するのを妨げる。

✣飛行機で旅行をする前には、肌の準備を整えておくことが重要。やさしい洗顔料で顔をしっかりクレンジング。それから（オイルのような）リッチな保湿液を塗る（市販のウエットシートタイプの保湿液は避けること。便利だが、乾燥を促す化学物質だらけである）。潤いを閉じこめる防護壁をつくってくれるモイスチャライザーをつける。モイスチャライザーは、水分の蒸発を防ぐためにより濃いものがベスト。

✣飛行機で旅をする人が犯してしまう大きな間違いのひとつは、顔に水をスプレー／ミストすること。水をスプレー／ミストすると、水が肌中の水分を奪い、肌がいっそう乾燥する。水は塗らずに飲むこと。

✣手も同じように乾燥しているので保湿を忘れずに。また、できるかぎり手で顔を触らないように。

✣メイクは着陸直前に。フライトの前や途中にしてはいけない。それでは機内では魅力的でいられないと不安に思うかもしれないが、飛行機から降りたときに魅力的なほうがずっといい！

✣フライト後は、栄養たっぷりのフェイスパック、良質なモイスチャライザーが役に立つ。

Chapter

5

医療行為に頼らずに若々しい肌を保つ方法

美しさとはなにか？
それは思想であり、感情であり、歓喜であり、感動である。
同時にいまだ神秘でもある。
美しさは時間と同じで、真の意味では誰にも理解できない。
いまだに美しさの完全な定義は存在しない。

——ジャン・ドルメソン『ギィドゥ・デ・ゼガレ』

ぺんたと小春
penta & koharu
とっても良かったよぉ〜
インスタグラム:@penguinhikoki
これから読むよ〜
ぺんたと小春
penta & koharu
©ペンギン飛行機製作所

手軽な治療には落とし穴がある

この章で登場するのは、高度なテクニックを持つ「美」のエキスパートたち。注射や手術といった外科医療的なアプローチをいっさいとらずに、肌の輝きが増した、若々しくなった、肌が明らかに改善したといったすばらしい結果をもたらしています。

あなたのスキンケアに、彼らのアドバイスがどう活用できるのか見ていきましょう。

まずは、ロレアルのエリザベート・ブアダーナからのアドバイス。

「覚えておいてほしいのは、なにかをもとに戻すより、もとの状態を守ることのほうがずっと楽だということ。耳の痛い話かもしれませんが、効き目はすぐに表れるものの、長期的な効果がないボトックス注射をはじめとする手軽な治療には落とし穴があります。投与量は増えていき、顔つきも変わってしまうのに、最初のときのような効果はなくなってくるのです。

ヒアルロン酸やアクアフィリングなどの注射にもいえることです。ヒアルロン酸を注入すると、シワが消えるといったリフティング効果がすぐに表れますが、持続はしません。

とくに多用すると、肌にできた空洞《ポケット》がしぼんで、かえってシワの原因に……そしてまた注射が必要になるという悪循環に陥ります。そのせいで、頬が不自然に膨らんでいる年配女性がよくいますよね。そしてある日、注射をやめると、重力に負けてますます老けてみえることになるのです」

1

近所にビューティサロンがあれば、注射はいらない

新しい靴を買うのをやめてでも、サロンに行きたい

1章でお話ししたように、フランス女性は地元のビューティサロンにずっと通いつづけます。

若いころにマドレーヌ広場近くのヴィニヨン通りにある《アドリエンヌ・アンスティテュドゥボーテ》へ行ったときのすてきなエピソードがあります。

そこは姉妹が経営しているサロンでした。奥にはすてきな中庭があり、いかにもパリらしいつくり。というのも、パリの建物の多くには、中庭に向けて開かれた大きなドアがあります。エントランスの重厚な扉が通りからの音を遮断していました。

都会の喧騒《けんそう》から離れたサロンは、淡いピンクと白の女性らしいエレガントなインテリア

でまとめられていました。母の行きつけだったこのサロンに、わたしは14歳のときにはじめて連れていってもらいました。ワックス脱毛を初体験し、とろっとした濃いピンク色のワックスの香りや、施術後に脚がとてもすべすべして気持ちよかったことを覚えています。母といっしょに店を訪れると、まつ毛のカラーリングをしてもらいながら、その日仕事であったことや美容のテクニックなどについて、おしゃべりをしたり、姉妹が新しいサンケア製品を薦めてくれたり。なんだかとっても大人になった気がしたものです！

わたしがこのサロンで学んだことは、肌のケア方法だけではありません。専門家にケアをしてもらうことで魔法のような経験ができる、ということも知りました。

さらには、そういうエキスパートたちを見ているだけで、勉強になるのです。彼女たちはプロとして、美容に関するアドバイスやサポートが欲しいと思っている人たちにとことん応えます。高級サロンのプライドを持って、とてもていねいな言葉づかいで。

こうしたサロンはそれなりにお金がかかるのも事実。でもわたしだったら、新しい靴を買うのをやめてでも、サロンに行くほうを選びます。美しさに磨きがかかり、気持ちもリフレッシュできるからです。

祖母も母も地元のサロンを愛しています。彼女たちの行きつけのサロンはこんなところでした。

祖母レジーヌの話

1950年代にはあまりよいビューティサロンがパリにはなかったの。おしゃれなパリジェンヌたちが通ったのは、なんといってもヴァンドーム広場にあった《エリザベスアーデン》。わたしも髪をセットしによく行ったものよ。アーティストや女優たちは、パリでもっともシックな地区にあった《ヘレナ ルビンスタイン》や《マックスファクター》に群がった。マニキュアは《レブロン》ね。

こうしたアメリカのブランドは、フランスのサロンに負けないくらいオシャレで質も高かったの。外の騒音を吸いこんでしまうほど分厚いカーペットや美しいブロケードのソファといった豪華なインテリアから、エステティシャンの素養まで、アメリカのサロンとフランスのサロンはずっとライバル関係にあったといえるわ。

もちろん、フランスのブランド、たとえば《フランソワーズモリス》や《ゲラン》などをいつまでも愛すパリジェンヌもいたわ。《ゲラン》は、フェイシャルなどのスキンケアのトリートメントを最初に提供したサロンのひとつ。《ゲラン》のサロンは、女性たちにとって贅沢な気分を存分に味わえる唯一の場所だった。

１９５０年代のシャンゼリゼは、壮麗な外装とクラシカルで優雅な内装の建物が並んでいたのよ。《メゾン・ジェルメーヌ・ゲラン》の店先にお抱え運転手がロールスロイスを横づけすると、毛皮のコートとクロコダイルのハンドバッグを持ったセレブなご婦人たちが降りてきたものよ。１９８０年代まで、多くのパリの女性たちがそこで暮らし、よりゴージャスなファッションを楽しんだの――それは目に見える贅沢だったわ。いまではずいぶん様変わりして、そういった富裕層をターゲットにした、カジュアルなエステティックサロンも増えたみたいね。

2 フェイシャルマッサージこそ、フランス女性の奥の手

パリジェンヌにはお気に入りのエステティシャンがいる

ニューヨークの友だちからよく、「フランス女性の肌がきれいなのはどうして?」ときかれます。

わたしはこう答えることにしています。「フェイシャルマッサージこそが、わたしたちの隠し玉よ」と。

フェイシャルマッサージは、注射や手術で外側から無理やりなにかをしなくても、肌の質を高めることができるベストな方法です。

祖母はフェイシャルマッサージのために《エリザベスアーデン》によく足を運んでいました。母は《イングリッド・ミレ》。ここには、元大統領夫人のクロード・ポンピドゥー

や女優のイザベル・アジャーニも通っていました。

じつは、シックなパリジェンヌたちは、親友に対してでさえ、フェイシャルマッサージをしてくれるお気に入りのエステティシャンの名前を教えようとはしません！

フランス女性は「フェイシャルマッサージ」が大好き

フランスでは、フェイシャルマッサージは生活の一部。今では、世界中のどこにでもサロンやスパがあり、フェイシャルマッサージのテクニックを持つエステティシャンに出会えるのですから幸せです。わたしも大西洋を越えたアメリカで、すでに数人見つけています。フェイシャルマッサージは、肌のきめを整え、肌に潤いを与え、肌を輝かせます。エクササイズで身体の筋肉を鍛えるように、フェイシャルマッサージは肌を引き締めます。

これから紹介するメソッドを定期的に実践すれば、年齢とともにくぼみがちなエリアの筋肉を刺激できるでしょう。

ところで、フランス女性がフェイシャルマッサージを愛するのには、さまざまな理由があります。血行を促進し、顔の色つやがよくなる。マッサージは、肌にダメージを与えないばかりか気持ちがいい。

マッサージには特別な（あるいは高価な）機器は必要なく、自分の手を使うので、とっても経済的。フェイシャルマッサージを正しく、そして定期的に行うだけで成果が約束されます。それは、ほんとうはだれにも教えたくない、とっておきの秘密なのです！

セレブたちがパリで最高のフェイシャルマッサージを提供するスペシャリストのサロンに出入りするのも無理はありません。ちょっとしたナチュラルフェイスリフトをしたような結果が得られます。肌の調子がよくなれば、メイクは薄くても十分映えるのです。

では、「家でできるフェイシャルマッサージ法」をご紹介しましょう。

パリでもっとも有名なフェイシャリストの教え

ニコル・デスノエは、パリでもっとも有名なフェイシャリストのひとり。50年以上ものあいだ、自らが考案したフェイシャルマッサージを女性たちに行ってきました。

彼女のトリートメントのなかでもっとも効果の高いステップのひとつに、「パンスマン・ジャケ」があります。

パンスマン・ジャケとは、顔の輪郭や外周を軽くつまむ方法です。顔のまわりを下から上へ頭頂部に向けて、あるいは口の両サイドのほうれい線のまわりをつまむように指を動かします。すぐれた腕前をもつニコルの両手が、眉間、唇の上、額、首のうしろを自在にマッサージしてくれます。

肌を引っぱるのではなく、つまみながらマッサージをすることでアンチエイジングの効果を生みだします。

ニコルは言います。

「マッサージは全体の循環システムに活力をもたらし、コラーゲンの生成を促します。筋肉が縮こまっていたら美しくはなれません。マッサージはそういう部分をほぐしてくれます。顔の筋肉は、骨の構造と密接に関係しています。筋肉を発達させるためにはエクササイズが必要なように、顔の筋肉を発達させるためにはマッサージが必要です。しかも、表面的なものではなく深いマッサージが。筋肉の弾力性を保ち、引き締めることができるマッサージは、肌がたるむのを防ぎます。潤いはたしかに大事ですが、それで肌が引き締められるわけではなく、顔の筋肉を刺激することもありません」

「女性は40代になると、シワを取る方法を探しはじめますが、その答えはマッサージにあります。マッサージこそがいちばんのシワ対策です。50歳を過ぎるとこう言うでしょう。ニコル、いったいなにをすればいいの？　って。すでにできてしまったシワを取りのぞくためには、若い人よりもっとマッサージをしましょう、とわたしは答えます。それで、シワを完全に取りのぞけるわけではありませんが、悪化するのを防ぐことができます」

「とりわけ大事なのは、よい生活を送ることです。健康的な食事、良質な睡眠、休息、そして清潔でいること。それからもちろん、マッサージによって肌を育むことも大事です」

機械よりも手を使ったマッサージのほうが効果的

イザベル・ベリスもニコルのように、「手で行うフェイシャルマッサージ」の熱心な提唱者です。電気や機械を使ったケアが次々登場するのに対して、イザベルは、「フェイシャルマッサージこそが自然でバランスのいい健康的な肌を手に入れるためのもっとも効果的で安全な方法」だと考えます。

だから、たとえフェイシャリストの予約が取れなくても、がっかりしないでください。あなたのビューティルーティンに数分間のフェイシャルマッサージを加えるだけでいいのです。

わたしは朝の数分間、時間のあるときに行っています。週末のときもあります。夜、クレンジングのあとのことも。バスルームでするときもあれば、ベッドのなかですることも。ベッドに入る前のちょっとした時間、テレビを見ながらのリラックスタイムでもいいでしょう。とにかくかならずマッサージをすること。それが結果につながります。

マッサージの際には、指がすべりやすくなるように、なめらかなテクスチャーのモイスチャライザーを選びましょう。粘り気のあるものやマッサージのあいだに肌の角質をはがしてしまうようなものは避けましょう。

分量はヘーゼルナッツ1粒分くらいで十分。ただし、首やデコルテには、さらにもう1粒分を使います。

自分でできるフェイシャルマッサージのやり方

①目のまわりのマッサージ

目のまわりをマッサージします。クリームは少量で大丈夫。人差し指か中指の先端にクリームをのせ、それを目の下につけます。眼窩《がんか》の骨にそって軽く押さえるように塗ります。

年齢を重ねた肌の場合は、片方の人

①-1

↓

①-2

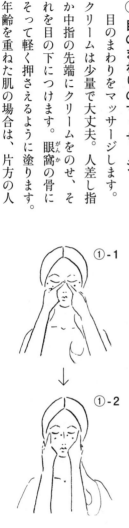

差し指で目の下の皮膚をぴんと張った状態にしたまま、もう片方の人差し指でクリームを塗りこみます。

または、指先を目の下に当て、軽く押しながら、目尻に向かって動かします。目の上でも同じことを鼻《び》梁《りょう》から眉にそって目尻まで繰り返します。

つぎに、眉にそって、こめかみに向けて肌をやさしくつまみます。

② 目と目のあいだ、眉間のシワのマッサージ

左右の人差し指を眉と眉のあいだで、ジグザグと左右交互に動かします。このマッサージを1日、2～3分間行います。

①-3

②-1

↓

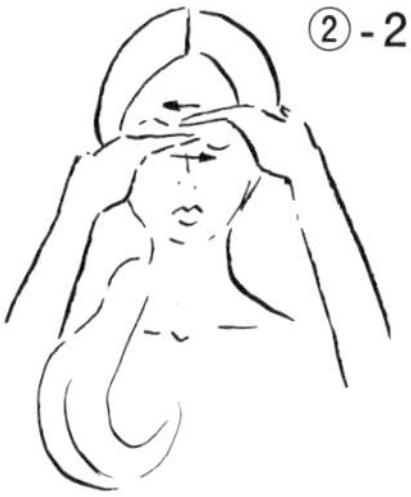
②-2

③ 唇のマッサージ

目のマッサージと同じように少量のクリームを使います。左の2本の指で、上唇の左側を押さえてぴんと張り、右の指を上唇の表面にすべらせます。このエクササイズを反対側でも繰り返します。

下唇もマッサージしたら完了。これで唇の表面に細かいシワができるのを防げます。

④ ドレナージ

（肌から余分な水分を排出、詰まりを解消します）

顎の下に親指を当て、人差し指を使って、ペンチのように顎の線を締めつけながら、耳まで人差し指を持

③-1

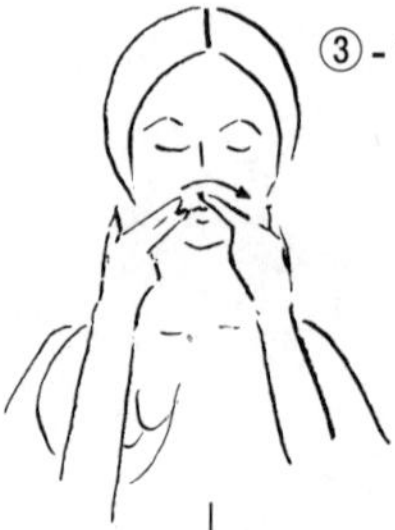

↓

③-2

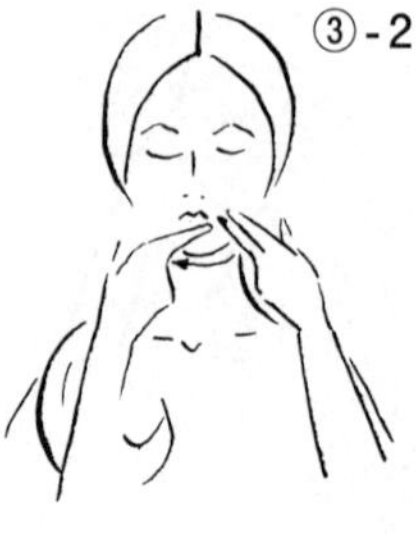

④-1

ちあげます。これを5回繰り返します。

⑤ 首とデコルテのマッサージ

顎の下、首のはじまりのあたりの肌を軽くつまみます。上方につまみあげるように、耳に向かって指を移動していきます。

耳の下の首もとに、顎のラインと平行に手のひらを当てます。離れないように強い力で胸・デコルテに向けて手をすべらせます。指は閉じて親指をしまいます。甲状腺には触れないよう気をつけます。

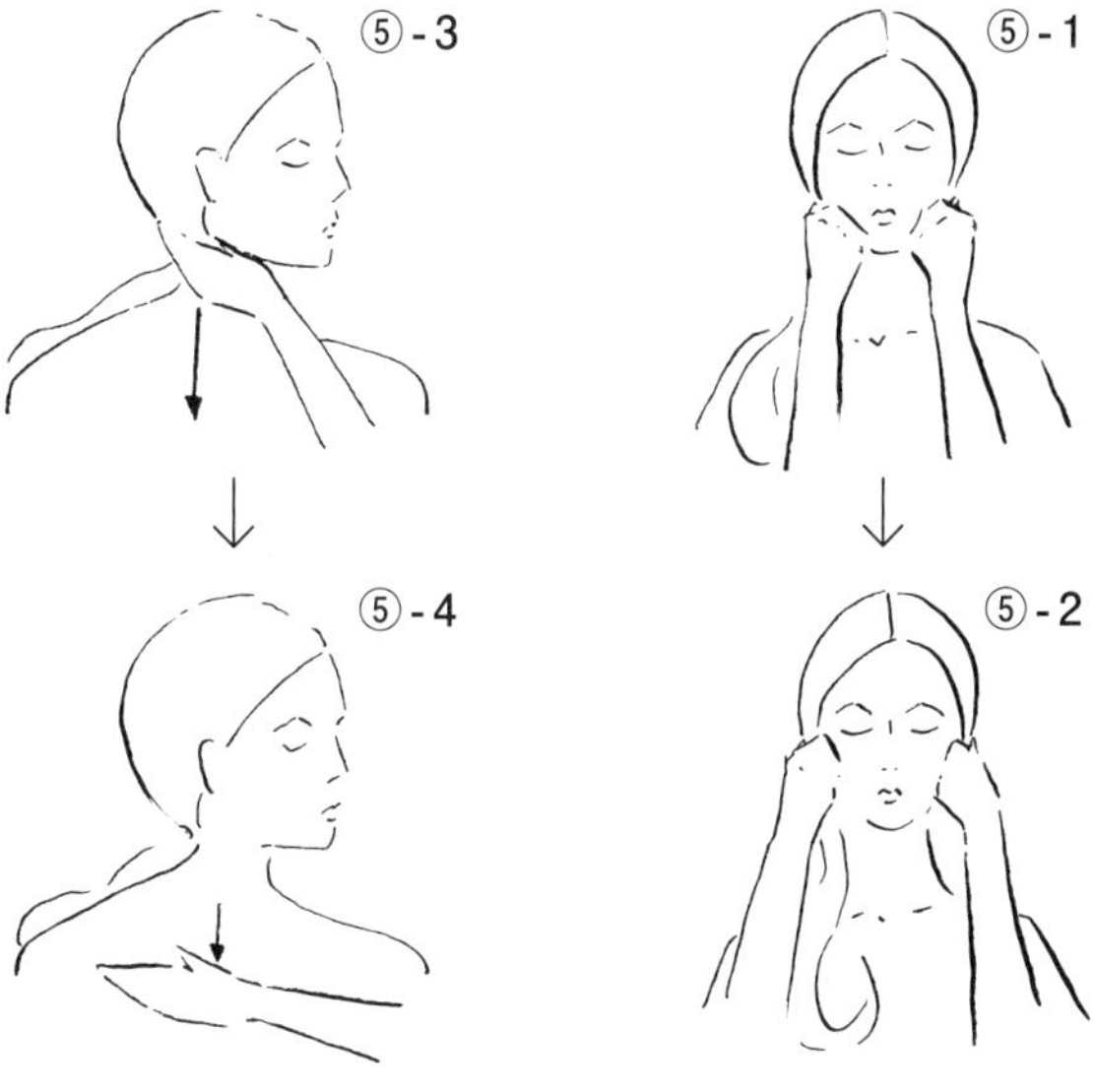

フランス女性が大切にする「フェイシャルトリートメント」

フランス女性にとって、「フェイシャルマッサージ」がとっておきの秘密である以上、自分たちのフェイシャリストもトップシークレット。

でも、「フェイシャルトリートメント」は、顔の肌をじろじろと見て、水分を補給し、ニキビをいくつか絞りとるだけ、肌の甘やかしにすぎないと考えている人たちもいます。たまの気晴らしにはいいけれど、絶対に必要というわけでもないと思っているのです。

一方、わたしたちにとってフェイシャルトリートメントは、「自分たちの肌を守る武器庫になくてはならないもの」なのです。

よいフェイシャルトリートメントによって、万全の状態が保てるだけではなく、何年間にもわたって効果が積み重なっていきます。フェイシャルトリートメントのおかげで、肌は引きしまり、ムラが消え、シミは減り、ニキビが治り、乾燥肌がふっくらして、小ジワまで隠せます。

かかりつけのエステティシャンは、あなたの肌の悩みを聞き、特別なケアをしてくれるでしょう。あなたが好きになる、あなたの話に耳を傾けてくれる、手頃な価格で効果的なトリートメントをしてくれる、そんなエステティシャンを探してあちこちのお店をまわってみてください。

よいフェイシャリストを見つけて、フェイシャルトリートメントをすればするほど、それを早くはじめればはじめるほど、あなたはきれいになります。そう言いきる理由のひとつが、トリートメントのあいだに行われる効果的なマッサージであることは、もうおわかりですね。

できるならジュネスには3か月に一度、プレニテュードには2か月に一度、そしてマテュリテには1か月に一度のフェイシャルトリートメントをお勧めします。定期的にフェイシャルトリートメントを受けるようになると、数週間で効果が実感できるでしょう。

3 食生活の賢い選択が顔に出る

肌によい食べ物は、外見をみるみる変える

美しく健やかな肌は、スキンケア製品やフェイシャルマッサージばかりで決まるわけではありません。肌によい食べ物をとることも、肌の改善につながります。

2年前、わたしの兄と姉は、新鮮で良質な食べ物にこだわりはじめました。グルテンや乳製品を減らし、動物性たんぱく質より植物性たんぱく質をとるようにしたのです。

すると、兄や姉の外見はみるみるうちに変わりました。肌が透明になり、疲れた感じが減っただけでなく、白目の部分がより白く、髪は濃くつややかになったのです。

これから紹介する秘訣は、機能性医学（1990年にアメリカのジェフリー・ブランド博士によっ

て提唱された、最先端科学と医学を融合した、生活習慣病や慢性病の治療法）の国際的権威、ドクター・ジョルジュ・ムートンと、イザベル・ベリスとニコル・デスノエ、そしてビオロジック ルシェルシュのドクター・フィリップ・アルーシュから学んだことをまとめたものです。

◎機能性医学の国際的権威、ドクター・ムートンたちから学んだこと

✣多くの人が乾燥肌に悩まされているのは、健康にいい脂質の摂取が不足しているから。健康にいい脂質は植物に含まれています。オリーブオイルやアボカドにはオメガ9脂肪酸がたっぷり、アーモンドにはオメガ6脂肪酸が、ほかのナッツ類、魚、チアシードにはオメガ3脂肪酸が含まれています。こうした脂肪酸は体の内部組織を円滑にしてくれるというおまけがついてきます。また、ホルモンを健康的に機能させるのにも不可欠です。一方、トランス脂肪酸や常温で固まる油はどんなものでも避けるべきです。

✣カフェインを含む飲み物は利尿作用があり、肌をより乾燥させてしまうので、飲む回数を減らしたほうが賢明です。

✣魚の油にも、体のシステム全体を育むビタミンAと天然のレチノールが多く含まれています。

✣夕食時にワイン、とくに抗酸化物質を含む赤ワインを飲むのはかまいません。ただし、

グラス一杯が適量で、それ以上はお勧めできません。

✣柑橘《かんきつ》類は肌にとてもいい。きゅうりにはビタミン、栄養、抗酸化物質が詰まっています。ズッキーニは水分含有量が多く、皮に栄養がありますから、むかずに食べましょう。トマトはビタミンAとKを含み、パセリやキウイにはビタミンCがたっぷり。

✣あまりにスパイシーな食品は摂らないようにしましょう。

✣さまざまな食材を使った色とりどりの食事を心がけましょう。

◎わたしたちが気に入っているトリートメント

祖母、母、わたしの3人全員が信頼しているのが、「マイクロカレントセラピー」というトリートメント法です。3人にとって、効果抜群の方法だったのです。あなたにもとても役立つトリートメント法になるかもしれません。

マイクロカレントセラピーとは、顔や筋肉に流れる電流を利用して肌を引き締めるものです、1時間分のフェイシャルマッサージにあたります。

まずは、エステティシャンが通電ジェルをたっぷりと顔に塗ってくれます。そのあとで正と負の2本の電極棒を顔に当てて施術します。痛みはまったくありません。それどころか、気持ちがよくてうとうとしてしまうほど。施術後は、充足感があり、顔が若々しくなります。

スキンケアのエキスパート、フィリップ・シモナンもこう言っています。

「微弱電流による肌への刺激は驚くべき効果をもたらしてくれます。老化の兆候が消え、シワやたるみがなくなるのです。フェイシャルマッサージと同じく、血行をよくし、顔の筋肉を鍛えることによって体内にあるコラーゲンやエラスチンを増やすことができる、いわば顔のフィットネスのようなもの。すればするほど、肌のきめが整います」

カーメル・オニールは、マイクロカレントセラピーの第一人者。ニューヨークで《リニューアンチエイジングセンター》を経営しています。わたしも月に一度は会いにいきます。そんなカーメルの話をいくつか紹介しましょう。

カーメル・オニールの話

マイクロカレントは、アンチエイジングテクノロジーのなかでももっとも効果的なもののひとつです。体のなかを流れる生体電流と連動させて、首や顎や目もとを引き締め、リフトアップすることで、小ジワやシワが減るのです。細胞を活性化させ、コラーゲンやエラスチンを増やしてくれるため、日焼けのダメージ、吹き出もの、ニキビ、黒皮症なども改善してくれます。さらに血行をよくするので、炎症やクマも緩和され、すぐに効果が表れます。

最初は、週に一度か二度の施術をすると、効果につながります。しばらくしたら、1か月から3か月に一度程度にしても大丈夫です。

4 もしも美容皮膚科の治療を受けるなら

それは、肌にダメージを与えてしまうもの

ボトックス注射、フィラー注入、ケミカルピーリング、レーザー治療といったメスを使わない方法はますます人気を集めていますが、なにをしたとしても、施術後の肌には特別なケアが必要です。

たとえ、信頼できる皮膚科専門医や形成外科医に施術してもらったとしても、こうした方法はあなたの肌にダメージを与えることを忘れてはいけません。

レーザー治療やピーリングでは、新しい肌の層がむきだしの状態になるので、日焼けなどでダメージを受けやすくなっています。ですから、肌の修復を助け、潤いと栄養を補給してくれるスキンケア製品やテクニックでフォローアップすることが大切です。さらに炎

症を引き起こしてしまうような成分を含んだスキンケア製品を使うことは避けましょう。

アベンヌは、ターマルウォータースプレーをはじめとするスキンケア製品の市場においてフランスでもっとも知られているブランドのひとつです（アメリカのドラッグストアでも市販されています）。肌をリフレッシュさせたいときには祖母も母もわたしもアベンヌを使ってきました。

アベンヌのナショナルエデュケーション&イベンツのマネジャー、ジェームズ・キヴィアーによると、アベンヌの2つの製品〈ターマルスプリングウォーター〉と〈シカルファートリストラティヴスキンクリーム〉は、レーザーリサーフェシング（レーザーを用いて、古い皮膚を取り除き新しい皮膚をつくりだすこと）やケミカルピーリングの施術後に、医師やエステティシャンによって使用されているそうです。

どちらも、炎症を抑えながら、傷つけられた肌の修復と保護を助けるようにつくられているので、日焼けしてしまったときにもうってつけです。

〈ターマルスプリングウォーター〉は、ミネラルの含有量を低く抑えているので肌を落ち着かせることができ、pHも中性なので、ピーリングやレーザー治療で傷つけられた肌のもともとのpHも損ないません。また、抗炎症作用と抗掻痒《そうよう》（かゆみ止め）作用のあるマイクロフローラも含んでいます。

術後で抵抗力が落ちている肌のケアにアベンヌの製品を試すときには、成分の種類が極力少ないものにすると、過敏な反応のリスクが小さくなるとともに、肌が鎮静化されて回復を助けます。

知識があれば、きちんと判断できる

美容形成外科について、祖母と母はどういうスタンスでいて、どう思っているのかを聞いてみました。

祖母レジーヌの話

1950年代には美容形成外科はまだほとんど普及していなかったけれど、顔に手を加えたいと望む人たちのリクエストでもっとも多かったのは「鼻」。ほかの部分の手術が一般に行われるようになったのはそれからだいぶ経ってからね。

当時有名だったのが、美容外科医のシャルル・クラウエ。「あれはきっと、クラウエの鼻よ！」と見分けられるくらい、似たような鼻を持つ女性がたくさんいた。そこからも彼の人気ぶりがよくわかったわ。

母ロレーヌの話

1960年代になると美容整形をする人が増えはじめた。でも、フランスの女性は、治療・手術は少しずつしてもらいたがっていて、大々的な美容整形に対してはとても慎重だったわ。あんまり他人に知られたくなかったから。目鼻立ちががらりと変わったり、いかにも整形しましたっていう顔になったりすることを嫌がったのよ。

美しくなるのに針やメスはいらないといいながら、どうして、美容整形についての話をしているの？　と疑問に思う読者もいるかもしれません。

それは、「なかには、美容外科で最終手段を使わないと手に負えない問題もある」とパリで有名な形成外科医、ドクター・オリヴィエ・ドゥ・フラアンから聞いたからです。

美容医療についての知識があれば、それは、実際にそういう治療を受けるのか受けないのか、その時期は今なのか、少し先のほうがいいのかなどを決める判断材料になります。

ドクター・オリヴィエ・ドゥ・フラアンは、どんな年代の人にも美容整形について考えるための情報を提供すべきだと考えているようです。

郵便はがき

料金受取人払郵便

新宿北局承認

8449

差出有効期間
2021年11月
30日まで
切手を貼らずに
お出しください。

169-8790

154

東京都新宿区
高田馬場2-16-11
高田馬場216ビル5F

サンマーク出版愛読者係行

ご住所	〒 都道府県	
フリガナ		☎
お名前		(　　　)
電子メールアドレス		

ご記入されたご住所、お名前、メールアドレスなどは企画の参考、企画用アンケートの依頼、および商品情報の案内の目的にのみ使用するもので、他の目的では使用いたしません。
尚、下記をご希望の方には無料で郵送いたしますので、□欄に✓印を記入し投函して下さい。
□サンマーク出版発行図書目録

1 お買い求めいただいた本の名。

2 本書をお読みになった感想。

3 お買い求めになった書店名。

市・区・郡　　　　町・村　　　　書店

4 本書をお買い求めになった動機は?

・書店で見て　　・人にすすめられて
・新聞広告を見て(朝日・読売・毎日・日経・その他=　　　)
・雑誌広告を見て(掲載誌=　　　)
・その他(　　　)

ご購読ありがとうございます。今後の出版物の参考とさせていただきますので、上記のアンケートにお答えください。**抽選で毎月10名の方に図書カード(1000円分)をお送りします。**なお、ご記入いただいた個人情報以外のデータは編集資料の他、広告に使用させていただく場合がございます。

5 下記、ご記入お願いします。

ご職業	1 会社員(業種　　) 2 自営業(業種　　) 3 公務員(職種　　) 4 学生(中・高・高専・大・専門・院) 5 主婦　6 その他(　　)		
性別	男・女	年齢	歳

ドクター・オリヴィエ・ドゥ・フラアンの話

残念なことに、わたしのところに来る女性の多くは18歳から20歳前後です。以前よりずっと若年化しています。

今の若い世代にとって、なにより大事なのがイメージです。ほとんどの場合、イメージはねつ造されたり、修正されたりしていますが、その世代の人たちは絶えず自分自身の写真を撮っているので、抱いているイメージと自分を比べては不安に陥るのです。モデルのようになりたがっては自分自身に厳しい目を向けます。

最近の14歳の社会は、いじめと決めつけばかり。いわば、部族《トライブ》現象のようなものです。同じような服を着て、同じようにメイクをし、同じ髪型にすることで、自分も部族の一員だという満足感が得られるのです。多様性を受け入れるのではなく、誰もかれもがそっくりになりたがるというわけです。

こうした若者（おもにティーンエイジャー）にとっては、他の人と違うこと、違った種類の美しさや個性を持つことはとてもむずかしい。そして、フランスの学校自体が、多くの生徒を同じ型にはめ込むことを教育の目標としてしまっています。

ニューヨーカーは完璧を求め、パリジェンヌは自然を求める

ドクター・オリヴィエ・ドゥ・フラアンとの出会いは、わたしにとって、目から鱗が落ちるような衝撃でした。

というのも、「18歳から20歳くらいの娘は母親の足跡をたどるもの」だということを教えてくれたからです。母親が定期的にボトックス注射をしていたら、娘も同じようにするでしょう。その結果を実際に目で見て知っているのですから。

ドクターは、「自分の顔がつきあっている男性の好みではないから」とか、「顔を少し変えたら幸せになれるから」という理由でやってくる女性には、「ノー」と断るそうです。ドクター・オリヴィエ・ドゥ・フラアンに関する記事に「ドクター・ノー」という見出しがつけられたのもそのため。そういうとき、ドクターは、「たとえ今は自分のことを美しいと思えなくても、年を重ねていけばだんだんと美しくなりますよ」と説明するそうです。

彼は、患者の潜在力を鋭く見抜き、手術を思いとどまらせるのです。専門家が「あなたはとても美しい」と説けば、彼女たちも耳を傾けるとわかっているのです。

ドクター・オリヴィエ・ドゥ・フラアンはさらにこう言います。

「フランスの女性たちは、ほかの文化圏の女性たちとは少し違います。フランス女性は完璧主義者ではなく、より自然で現実的にものを考えます。自分が好ましいと感じる〝美〟のイメージをきちんともっています。ニューヨークにはわたしの顧客がたくさんいますが、みな、完璧を求めます。女性であるのなら、勝負の世界に身を投じなければならない、すべてが完璧でなければならないと思っているのです。

そのため、若返りのための注射を過剰に打つ人もいます。何度も注入された頬は風船のようになってしまいます。そういう現象をわたしは〝ランチタイム整形〟と呼んでいます。ランチタイムに気軽に友人と連れだって注射を打ってもらいにいくからです。そういう顔は、10メートル離れたところからでも、一目で自然でないとわかります。そうなると、もとに戻すことはできなくなるのです」

ビューティエディターとして、わたしは、「美容整形は目立たなければ目立たないほどいい」と考えています。

できれば少しずつ進めること。顔の輪郭を少しだけ修正する、まぶたのたるみを取って目もとを明るくする、どうしても気になる深いシワを消すためにヒアルロン酸を注射するといった具合です。

こうした小さな補修であれば、活力を取り戻し、若返ることもできるでしょう。ときに女性の人生や個性の象徴である表情をすべて奪い、凍りついた顔にしてしまうような全面的な美容整形とは違うからです。

Chapter 6 フランス式　メイク術

女性をもっとも美しくするメイクは情熱だ。
だが、情熱より化粧品のほうが簡単に買える。
――イヴ・サンローラン

「赤い口紅」はフランス女性の永遠の定番

「フランス式 メイク術」とは、経験、良質な製品、清潔な顔、シンプルイズベストの哲学、そして専門家から得るコツのことといえるでしょう。

祖母はすべて独学でした。彼女がモデルをはじめた1940年代の終わりには、メイクアップアーティストも、ヘアドレッサーもいませんでした。祖母は美しくてグラマラスなハリウッドスターたちを手本にして、見よう見まねで練習を重ねたのです。唇はジョーン・クロフォード、極細の眉はマレーネ・ディートリッヒ、太い眉はオードリー・ヘプバーン。なにもかもがゴージャスだったエヴァ・ガードナーからは、そのすべてを学びとったそうです。

メイクのトレンドも変わり、色の選択の幅も広がり、科学技術の進歩によってコスメは大きく変わりました。たとえば1950年代、フランス女性は「帽子と手袋」を欠かしませんでした。日焼け止めなどがまだない時代に、日光から顔や手を守らなければならなかったのです。

同じ理由から、当時はファンデーションもパンケーキのように厚塗りするのが人気でした。

今はもちろん、毎日帽子をかぶったり手袋をしたりする女性は（わたしはすてきだと思うのですが）ほとんどいません。ファンデーションも、以前の厚塗りファンデーションと同じだけのカバー力を持ちながらも、毛穴を詰まらせることのない軽いものになりました。ただし、「赤い口紅」だけはいつまでも愛され、不動の地位を確立しています。

この章では、フランス式のメイクのコツや選んでいるコスメ、わたしたちのメイクアップルーティンを紹介します。

1　若い世代のメイクのコツ

◎ジュネス（20～34歳）とプレニテュード（35～54歳）

心がけたいのはシンプルで若々しいメイク

わたしのメイクアップルーティンは、仕事のときのものも、カジュアルなときのものも、とってもシンプル。しっかりメイクでも、けっして若々しさは失われません。

✣きれいに洗顔し、保湿をした顔と首に、ローラ メルシエの〈シークレットカモフラージュ〉を塗ってクマを隠すことからはじめます。またはイットコスメティックスのコンシーラー〈バイバイ・アンダーアイ〉を少しだけ使います。色のついた密度の高いテクスチャーが欠点を覆い隠してくれます。母と同じくわたしも、イヴ・サンローランの〈タッチ エクラ〉の愛用者です。軽くひと塗りするだけで、コンシーラーとしてだけでなく、肌を生き生きと見せてくれる反射板の役目も果たしてくれます。

✣次に、色のついたBBクリームあるいはファンデーションを塗ります。今では、肌の呼吸を妨げず、自然に見せる極上の質感のものがたくさんのブランドから出ています。

わたしのお気に入りのBBクリーム、あるいはオールインワンクリームは、エルボリアンあるいはディオールの〈カプチュール トータルドリームスキンアドバンスト〉。お気に入りのファンデーションは、バイテリー、エドワードベス、ジョルジオ アルマーニ ビューティ。

ファンデーションは何種類かを混ぜて使う

BBクリームやCCクリームを使わずにファンデーションだけにするなら、わたしはいつも、ベストな仕上がりになるように何種類かを混ぜ合わせます。

同じファンデーションを重ねて塗ることで完璧な肌色をつくりだせる場合もありますが、

わたしは断然「ミックス派」。２種類のファンデーションを混ぜることで、完璧な色とトーンがつくれます。

場合によってはこれに、さらにコンプレクションエンハンサー（肌色を美しく見せるベースプラス、ハイライト効果で肌色を明るく見せたり、ツヤのある均一な肌に仕上げたりする）を加えることも。たとえば、エスティローダー〈シュープリームプラスウェイクアップバーム〉、シャーロット・ティルブリー〈ワンダーグローフェイスプライマー〉、シスレー〈インスタント エクラ〉。光り輝くツヤがプラスされて自然な仕上がりに。

✣仕事の合間に日の当たる場所に出る予定があるときには、スキンシューティカルズやエルボリアンやスーパーグープ！の日焼け防止効果のあるファンデーションを使います。

✣頬には、ゲラン、クラランス、シャーロット・ティルブリー、クリニーク、あるいは母のお気に入りボビイ ブラウンのチークかブロンザーをさっとひと塗り。

✣最後は、イヴ・サンローランかシャネルの黒めのマスカラと、クラランス、タタハーパー、シスレー、クレ・ド・ポー ボーテ（資生堂）の淡いピンク系のリップスティックかグロスで仕上げます。

◎夜の外出のときのメイクのヒント：（どの段階でも使用量が少しだけ増えます）

✣まずは美容液か軽いモイスチャライザーを使います。

✣次に、いつもはゲランかバイテリーのプライマー（メイク下地）を塗ってからファンデーションを。

✣フェイスパウダーを少しだけはたくのが好きなのですが、暗い色は避けます。そして、ピンク系かピーチ系のチークをハイライトに。

✣唇は「クレヨン」方式で。ニュートラルな色のリップライナーで唇の輪郭を描いたあと、全体をていねいに埋めていきます（祖母から教わったテクニックです！）。それからリップスティックを塗ります。こうすると、何時間ももつからです。

✣すでにマスカラはつけているので、あとはクレヨンタイプのアイライナーとダークグレーのアイシャドーで目もとを仕上げるだけでOK。

✣夫と過ごす週末は、マスカラを少しつけ、軽めのファンデーションで自然な輝きを肌にプラス、あとは軽くフェイスパウダーをはたくだけ。ほどほどの女性らしさを演出します。このごろは、ディオールの〈カプチュール トータルドリームスキンモイストクッション〉がお気に入り。肌に生き生きとした輝きを与えてくれて、ほんとうに頼りになります。

パリジェンヌたちの選んでいるコスメはこれ

わたしは、フランスのメイクアップアーティスト、ミュリエル・ボーランのアドバイスに従っています。「メイクをするときは、手先を器用に動かすハンドスキルを磨かなければなりません。年をとればとるほどテクニックが必要になるのです」

友人のパリジェンヌたちが選ぶコスメはこれです。

顔には

✣ローラ メルシエ〈シークレットカモフラージュ〉（目のクマを隠す2色のコンパクト）
✣NARS（ナーズ）〈ラディアントクリーミーコンシーラー〉（贅沢な質感と多彩なカラー）
✣クラランス〈スムーズ パーフェクティング タッチ〉（小ジワを埋める）
✣ジョルジオ アルマーニ ビューティ〈フルイドシアー〉（リキッドハイライターとして活躍）
✣ゲラン〈メテオリットベビーグロウ〉（肌の色に超自然的な輝きを与える）
✣バイテリー〈グローエキスパートデュオスティック〉
✣ゲランのフェイスパウダー類

✣NARS〈ナーズ〉〈ザ マルティプル〉

目には

✣ランコム〈グランディオーズ〉のマスカラ

✣マーク ジェイコブス〈ハイライナージェルアイクレヨン（ウォータープルーフ）〉

✣シャネル、ランコム、シスレーのアイシャドー

眉には

✣ベネフィット〈ギミーブロウヴォリューマライジングファイバージェル〉

✣グロッシアー〈ボーイブロウ〉（眉毛のまばらな部分を埋め、形を整えるのに重宝する）

唇には

✣シスレー〈フィトリップツイスト〉

✣シャネルのリップスティック類

✣クリニーク〈チャビースティック〉シリーズ

✣マットタイプの口紅は、バイテリー〈ルージュエキスパートクリックスティック〉

2 年を重ねてからのメイクのコツ

◎プレニテュード（35〜54歳）とマテュリテ（55歳以上）

母ロレーヌの話

幼いころ、仕事をしていた母のかわりに小学校へ迎えにきてくれたのは祖母。週に一度は、その帰り道にラ・トゥール通りの香水店《パルフュムリ》に寄るのが特別な時間だった。そこは小さな宝石のようなお店で、オーナーがモイスチャライザーをブレンドしたり、最新の製品を薦めてくれたりする。運がいいときには、マダム自らが何色かのフェイスパウダーをブレンドするのを見ることができたわ。

ずらりと並んだ紫、緑、黄色のT・ルクレール（パリの薬剤師テオフィル・ルクレールが開発した米粉ベースのフェイスパウダー）が入ったボトル。そのなかからパウダーを少しずつ取り出しては混ぜ合わせ、祖母の肌に合ったすばらしいトーンをつくりだす。それを丸い容器にそっと入れて、大きなパフを添えればできあがり。まるで魔法だったわ。

1969年、19歳だったわたしが、スーザン・トレイン（当時、アメリカ版『ヴォーグ』のファッションエディターであり、パリ駐在の記者でもあった）のアシスタントをしていたときのこと。

当時、トップモデルだったヴェルーシュカは、フランコ・ルバルテリによる屋外の撮影にもたびたび登場。撮影の際、ヴェルーシュカはいつも自分でメイクしていた。たとえ撮影現場が奥深いジャングルであっても、じつに器用にメイクして、ヒョウやトラや、ほかのどんなエキゾチックな動物にもなってみせたものよ。

ある日、彫刻家フランソワ＝クサヴィエとクロードのラランヌ夫妻が所有するウルグアイのカントリーハウスで撮影があった。そこは夫妻のアトリエ。ふたりがデザインしたヘビのタペストリーをフランコは白い崖の上に置いて、その横でヴェルーシュカにポーズをとらせたの。フランコはわたしのこともよく撮影してくれた。

そのとき彼が言った言葉は今でも覚えているわ。「眉の形を変えてはいけない。眉こそ、きみに個性を与え、きみが何者であるかの証しなのだから」と。

わたしはトップモデルのヴェルーシュカの流れるようなメイクの仕方に魅せられた。

目もとをきらめかせて強調するのに愛用していたイヴオブローマの白いパウダーを、メイク用ブラシでつけている彼女の姿はよく覚えているわ。

彼女のしなやかな手つきを見つめていたとき、わたしのなかで、美容やメイクへの強い関心が目覚めたの。この世界で仕事をしようと決めた瞬間よ。

その決心は、伝説のファッショニスタ、ダイアナ・ヴリーランドにパリで会ったことでさらに強くなった。

ダイアナはエレガントなオテル・ド・クリヨンの、コンコルド広場が見おろせるスイートルームに滞在していた。わたしが訪ねていったのは、まだ早朝だったけれど、彼女はすでにメイクを終えていたわ。彼女のシグネチャーともいえる「深紅の口紅」が塗られ、つやつやと輝く黒髪はきっちりとまとめられ、長い爪はきれいにカラーリングされていたのよ。

その後、ダイアナはわたしをニューヨークに呼び、いくつものビューティブランドの人たちに引き合わせてくれたの。だからこそ、そうしたビューティブランドとの仕事を経験することができたってわけ。

わたしのメイクアップルーティンの基本は、この40年間、まったく変わっていない。あえて言うなら、肌を輝かせてくれる質感のよい新製品が出たら、それに替えてみることぐらい。新しいものを試すのが大好きなの。

◎母ロレーヌの現在のメイクアップルーティンを紹介しましょう

✣まずはトナーかターマルウォーターを使い、その後メイクの下地としてフェイスクリームをつける。さらに、質感の違うモイスチャライジングクリームを季節に応じて使い分ける。冬には濃厚な質感のもの。春と夏は軽くさらっとしたものを。わたしの母がカリタ姉妹（パリの有名なカリタ・ビューティサロンの創業者）から聞いた秘訣「メイクを長持ちさせたいなら、どろっとしたオイルベースのクリームは使わない」を実践している。「美容液はメイクする前に使用すること」というアドバイスにも従っている。

✣近頃は、スキンシューティカルズのすばらしいクリームを試している。コンシーラーのかわりに、イヴ・サンローランの最高傑作のひとつの〈タッチ エクラ〉を目もとに。これは、何色かがそろっている。最後に、ホワイト系のパウダーを小さなメイク用ブラシでひと塗りして、目のまわりにアクセントを添える。

✣目にはまず、バイテリーかイヴ・サンローラン〈クチュールアイプライマー〉の肌色ベースのものを塗ってから、さらに明るい中間色を重ねる。続いてブラックのアイライナー。アイシャドーはカリタのクリスティーヌから教わったものを。ダークブラックのアイクレヨンは、にじまないベストな質感のものをいつも探している。

✣まつ毛はもう染めていないので、マスカラを使う。シャネルの〈ル ヴォリューム ドゥ シャネル〉のような、長さとボリュームが出せるウォータープルーフのマスカラがオススメ。メイクアップフォーエバーの〈アクアアイズ〉アイライナーペンシルもすぐれもの。下まぶたにラインを入れたいときに使用している。

✣最後はM・A・Cのアイブロウマスカラ。わたしは、バイテリーの創業者テリー・ド・ギュンズブルクのこの言葉が好き。

「アイブロウマスカラで眉をデザインしなおすと、これまでとは別の顔が手に入る。エヴァ・ガードナー・スタイルだ。それにともない立ち居振る舞いも自然と違うものになる」

✣わたしにとってファンデーションは、かならず使いたい製品かというと、そうではない。それでも使いたい気分のときには、わたしの肌に合っている、スポンジで塗るタイプの資生堂か、すばらしい輝きをくれるアルマーニ〈フルイドシアーNo・11〉を使うことにしている。

✣ボビイ ブラウンの〈イルミネイティングブロンジングパウダー〉の大ファン。その日の気分や服装に合わせて遊んでみる。最後にボビイ ブラウンのパウダータイプのチークをプラス。ときにはブロンザーのかわりに、ディオールの〈カプチュールドリームスキンモイストクッション〉を、さらにクリニークの〈チャビースティック〉かアルマーニのリキッドタイプのチーク〈フルイドシアー〉を頬に。

✣リップスティックには派手すぎない色を選ぶ。シャネル、ディオール、バイテリーを使うことが多い。わたしは、アイメイクに重点を置いているので、リップはさりげなく薄めにしている。以前、有名なメイクアップアーティストに、顔の2か所を同時に強調してはいけないと言われたことがある。それ以来、わたしは目を際立たせることにしている。

◇マテュリテ（55歳以上）

赤いリップは祖母のトレードマーク。食後はなにより先に口紅を直します。ご紹介する祖母のメイクアップルーティンは、かつてよりはずいぶんシンプルなものになっています。ある程度の年齢にさしかかったすべての女性のお手本になるでしょう。

祖母レジーヌの話

年をとると、肌はくすみ、シミが目立つので肌の色を整えることが大切よ。いろいろな色調のコンシーラーがあるけれど、使う前にはかならず肌をよく保湿しておくこと。明るいベージュは、色素が抜けて白っぽくなっているときや、目の下のクマ（それほどひどくなければ）に有効。青いクマにはオレンジ－イエロー系がオススメ。グリーン系を使うと肌の赤みを消すことができる。ベージュ系を何色か使うと、疲れた顔をすっきりさせることができる。淡いパープル系は、茶色いシミに効果的。

コンシーラーのあとにファンデーションを塗る。薄くなってしまった肌に負担をかけないように、資生堂のファンデーションのように軽い質感のものを選ぶわ。ファンデーションを塗るときは、すでにつけているコンシーラーをとってしまわないように、スポンジかメイク用ブラシで細心の注意を払いながらね。

つぎに、顔に明るさをプラスするためにチークを少しつける。ふだんは色の濃いチークは避けているけれど、今でも夏にはボビイ ブラウンのブロンザーを少しだけ使うのが好き。

眉はバランスとアクセントを見ながら、アイブロウペンシルでラインをつくり変える。目は、はっきりしすぎないようにブラウンのマスカラを使っているけれど、ブラックのマスカラを目尻に軽くつけるのが好き。そうすると、まぶたが持ちあがったような若々しい印象になる。

仕上げに、リップスティックと同色のリップペンシルで唇の輪郭を描き、口紅を塗る準備をする。それをすることで唇の輪郭がはっきりし、唇の色がぼやけるのを防ぐ。色が濃いと老けてみえるので、淡く明るく、ギトギトしていないものを。年をとると唇にも細かいシワができるので、塗ったあとに筋ができないよう注意する。

3 自分に合ったメイクを知るベストな方法

「メイクアップレッスン」がとびきりの効果をもたらす

この本のなかでわたしがインタビューしたメイクアップアーティストたちは、「いい講師によるメイクアップレッスンは信じられないぐらいの効果がある」と口をそろえて言っていました。長い目でみれば、自分に合わない製品を衝動買いして、お金や物を無駄にせずにすみ、コストパフォーマンスもとてもいいのです。

優れたメイクアップアーティストを見つけるベストな方法は周囲の人にきいて回るか、あるいは百貨店の化粧品売り場に行くこと。

スタッフの多くは、訓練を受けたメイクアップアーティストで、そこでのレッスンはほとんどの場合、無料なのです（感謝の気持ちから商品を買いたくなることはありますが）。

自分の好きなメイクをしているスタッフを探しましょう。理想的なメイクアップアーティストにめぐりあうまでには、何度か実験を繰り返すことにはなるでしょうけれど、その過程は楽しいものです。

母ロレーヌの話

数年前、友人からわたしのアイメイクは正しくないと言われて、ひどくうろたえたの。「アイライナーが正しく引ければましになる。プロからアドバイスしてもらいなさい。そうしたら、もっとキレイになれるから！」

そんなにはっきり言わなくても、と思ったけれど、率直に言ってくれた彼女の親切心を無駄にしないよう、重い腰をあげてメイクアップのクラスを受講することにしたのよ。

というのも、母親が自分でメイクアップをするほどのエキスパートなのに、わたしは母から教わってこなかったから。メイクとは、誰かと並んで座って人から教わるものだなんて、思っていなかったの。

ということで、わたしはカリタのモンターニュ店にいるクリスティーヌに会いに行った。わたしが18歳のとき、両親が《ムーラン・ドゥ・ラ・ギャレット》でパリジェンヌデビューのお披露目パーティを開いてくれたけど、そのときのメイクを担当してくれたのが、まだ駆け出しだった彼女。

彼女は「どんな種類の顔が好きか」とわたしに尋ねたの。それから顔の半分に、それぞれステップごとの説明を加えながらメイクを施し、もう半分をわたしがメイクするのを見ながら指導してくれた。みるみる変わっていく自分の顔にはもうびっくり。

ベーシックなアイライナーのかわりに、ブラックのアイライナーかブラックのアイクレヨンでラインを引きなおす方法、そしてなにより、それまで使い方がわからなかったトウプ色（茶色がかった灰色）のアイシャドーをまぶたのラインの外側に向けてつける方法を知った。

効果はすぐに現れたわ。時間帯によってアイシャドーの明るさを変える方法を学び、夜のメイクもぐっとうまくなった。

さらにうれしいのは、この新しいメイクアップルーティンは時間がかからないのに失敗がないということ。

「メイクとは、新しいレシピで料理するようなものなの。一度経験してしまえば、もう学ぶことはないから、すればするほど上達し、いつか完全に自然なものになるのよ」とクリスティーヌは言ったわ。

母はこう言います。「優れたメイクアップアーティストのアドバイスはプライスレス。持ち帰りできる金鉱を見つけたようなもの。専門家は、あなたの肌のトーンに合った色の使い方から、色のブレンドの仕方まで、なんでもわかっている。彼女たちの技はまさにアート。彼女たちの存在はほんとうにありがたいものよ」

◎眉はあなたの個性

「眉頭の毛は抜いちゃダメ。それは自分の個性なのだから」と母はよく言います。

ときには毛抜き用ピンセット（ツイーザー）やワックスで熱中して抜きすぎてしまうことがあります。万が一、眉毛を抜きすぎたら、もとの自然な形に生えそろうまで3か月ほど待ちましょう。毛抜き用ピンセットで抜く場合は、眉毛の生えている向きに沿って少し角度をつけて抜くようにします。

眉が薄い場合は、アイブロウペンシルで目立たないように描きたしましょう。眉用のマスカラもあります。一時的とはいえ、効果抜群です。

◎理想的な眉毛グルーミングキット

✣透明なマスカラ（グロッシアー）
✣あなたの眉毛の色に合ったアイブロウマスカラ（バイテリー）

✣眉の色がダークブラウン（ブルーネット）なら、ローラ メルシエの〈ポマードアンドパウダーブロウデュオ〉

✣ケヴィンオークインとシスレー〈フィト スルシルデザイン〉のペンシル類

✣すぐれものの毛抜き用ピンセット1本（ヴィトリー）

✣眉毛用の特製メイク用ブラシ（M・A・C、ボビイ ブラウン）

4 つねに持っていたいメイク道具

いろんなサイズのスポンジとブラシがあると便利

メイクをするときにはそれに適した「道具」があるととても役に立ちます。道具があるのとないのとではメイクに大きな違いが出ると、あるメイクアップアーティストが言っていました。ここで、安くて長く使える道具を紹介しましょう。

必要なのは、さまざまなサイズのスポンジとメイク用ブラシ（小さいものは、アイシャドー、アイライナー、リップ類に、大きいものはファンデーションやチークに）と毛抜き用ピンセット。わたしのお気に入りの毛抜き用ピンセットは、１７９５年創業のフランスの老舗、ヴィトリーのもの。

自分に合った色を探すのと同じで、いろいろなメイク用ブラシやブランドのものを試してみるといいでしょう。手なじみがよく、扱いやすいものが適切な道具といえます。

メイクアップアーティスト、ミュリエル・ボーランはメイク道具について、こんなふうに話してくれました。

「ブラシは画材屋に探しに行くといい。いろいろな大きさの絵筆が手頃なものから高級なものまでそろっている。安物のメイク用ブラシは、洗剤で洗っただけで毛が抜け落ちてしまうから」

ゲランのメイクアップクリエイティブディレクター、オリヴィエ・エショードゥメゾンも同じことを言っています。

「ファンデーションは時間が経つと成分が変化して重くなる。そうなると、メイクアップアーティストたちはスポンジを使いはじめる。でも個人的にはファンデーションにメイク用ブラシを使うほうが好き。肌がカンバスになるから。

チークやブロンザーを塗るときは、大きいブラシを使うほうがパウダーの広がりがよくなる。それに、一枚の厚い層にするよりも何層にも重ねたほうが筋ができにくくなる」

わたし自身は、スポンジとメイク用ブラシの二刀流です。クレ・ド・ポー ボーテ（資生堂）のファンデーションやティンテッドクリームを塗るときにはスポンジで。ボビイブラウンやアントニムの製品のときはブラシを使っています。

メイク道具は、定期的に洗うこと

メイク用ブラシは、洗剤を入れたぬるま湯に浸して、くるくるとやさしく回しながら洗い、そのあと水でよくすすぎます。立てて乾かさないこと。水滴が柄に入り込み、たわみの原因に。できるだけ水を絞り出しながら毛をもとの状態に撫でつけ、平らにして自然乾燥させます。

スポンジの洗浄方法について、カリタのメイクアップアーティスト、クリスティーヌはこう言っています。「まずスポンジを洗浄液につけ、付着していたものをはがしてから洗い、きれいになるまでよくすすぐ。そのあとは自然乾燥させてね」

コスメは永遠に使えるわけではない

メイクアップアーティストのエリザベート・ブアダーナに、コスメの品質保証期限について聞きました。

メイクアップアーティスト、エリザベート・ブアダーナの話

コスメは永遠に使えるわけではありません。コスメの品質保証期限は、製品のカテゴリーによって異なります。

肌に直接触れる製品、たとえばリップスティックは、触れる部分に細菌がつきやすい。ただし、水分がないので、細菌が繁殖する可能性は少ないです。だから、リップスティックは長期間の使用が可能。ただし、変な臭いや鼻を突く臭いがしたら、すぐに捨てること。

ファンデーションに関してここで問題なのは、アプリケーター、スポンジ、ブラシです。ファンデーションを塗るたびに、角質、皮脂、かすが表面に付着することになります。だから、まめに洗浄するか、使用するたびに新しいものに替える必要があるわけです。そうでないと、細菌が繁殖する温床になります。

アイライナーについては、毎日の使用で、およそ1か月半程度で使い切るような分量に設定されているので、問題ないはず。

店頭のテスターは使わないように。だれが触れたかわからないのだから!（ありがたいことに、セフォラのような店のカウンターには、綿棒、ティッシュペーパー、クレンザーが用意されていて商品サンプルを衛生的に試すことができます）

メイクをする前には、かならず手を洗うこと。夜はメイクをしなくても、顔をよく洗って清潔にしておく。

暑い地域に住んでいる人のなかには化粧品を冷蔵庫に入れて保管している人もいます。でも室温がエアコンで調節されているならそこまでする必要はありません。ただし、室温が大きく変わるのだけは問題です。スキンケア製品は冷暗所で保管しましょう。

トップメイクアップアーティストのアドバイス

ゲランのメイクアップクリエイティブディレクター、オリヴィエ・エショードゥメゾンは、1960年代、《アレクサンドル・ドゥ・パリ》、別名「スターたちのヘアスタイリスト」のヘアスタイリストとしてのキャリアをスタートさせました。

ツィッギーをはじめ、この時代のカバーガールたちが自分でメイクをするのを目のあたりにした彼は、めきめきと腕を上げ、すぐに彼女たちのお気に入りのメイクアップアーティストになりました。

さらに、その腕を買われた彼は、世界の一流雑誌に起用され、リチャード・アヴェドン、ヘルムート・ニュートン、ギィ・ブルダン、ノーマン・パーキンソン、デビッド・ベイリーのようなトップカメラマンの撮影にかかわるようになります。

また、世界の名だたる美女たち、グレース・ケリー、オードリー・ヘプバーン、ソフィア・ローレン、エヴァ・ガードナー、ジャクリーン・ケネディ、ロミー・シュナイダーとも仕事をしています。

彼が見てきた顔のなかでもっとも美しいのは？　エリザベス・テイラーが断然トップだそうです。

メイクアップアーティスト、オリヴィエ・エショードゥメゾンの話

1970年代、わたしをメイクアップ界で一躍スターに押しあげたのは、英国王室の家族撮影をすることでも有名だった写真家、ノーマン・パーキンソン。彼から、バッキンガム宮殿でイギリス女王の娘、当時21歳だったアン王女のはじめての公式写真の極秘の撮影に同行するよう依頼されたことがありました。わたしがフランス人だったから、その情報が漏れないだろうと思われたのでしょう。

その撮影のあと、引きつづきアン王女の婚約記念、結婚式、結婚生活、出産など、あらゆる場面でメイクを担当しました。そこから噂が口コミで広がってヨーロッパの

貴族階級のあいだで評判になり、あるとき突然、あちこちの王女さまたちからメイクの依頼が殺到するようになりました。ジャクリーン・ケネディとも、専属ヘアドレッサー及びメイクアップアーティストとしてたくさん仕事をしました。

フランスやヨーロッパ流のメイクは、けっして分厚く塗りたくらない。一方、アジア人、とくに日本の女性は、メイクをできるだけ強調して楽しむこともあるみたい。アメリカの女性は極端。メイクをしないほぼ素顔に近い状態か、あるいはばっちりメイクのどちらかで中間がありません。

フランス人は、いかにもメイクをしているように見えることを嫌がります。完璧な肌に見せるためにできることはなんでもする。そして、フランス人はメイクでセクシーさを演出するのが大好き。

たとえば「赤い口紅」。でも迫力が出すぎないように注意します。ネイルも好きで、とくにカラフルなペディキュアははずせません。

まぶたには反対に、トウプ色（茶色がかった灰色）、ベージュ、グレーなどを使い、グリーン、ターコイズなど、明るい色はNG。虹色《レインボウ》になんてまずしない。つけまつげはつけない。眉染めは？　それはOK。そして、マスカラは必需品。フランスの女性、とくにパリジェンヌは、マスカラとリップスティックをつけずに外出することはありません。

フランスでは、リップスティックは季節や時間帯によって変えるアクセサリーとみなされているのです。バッグを靴に合わせるようなもの。

いずれにしても、フランスの女性たちのメイクはとても現実的。誰かに似せたり、真似たりはしない。そもそも有名人にそっくりになりたいなんていう発想は、フランス女性にはまったくないのです。

「肌の状態」がメイクの出来を決める

最近、メイクのテクスチャーがぐんとアップしています。最近のテクスチャーは、きめが細かく、目に見えないほど。とくにファンデーションは効果が出ます。

でも、なにより重要なのは「肌の状態」です。年齢や世代に関係なく、まずはよい肌、輝く肌を手に入れる努力をしなければなりません。

肌はあなた自身を映し出します。食べたものや行動のすべてを。喫煙はNGと多くの人が信じているでしょうが、それは不思議な話ではありません。たばこを吸う人と吸わない人とでは、肌の違いが歴然です。

◎オリヴィエ・エショードゥメゾンのゴールデンルール

✣メイクのための肌のベストな準備は、一日を通して頻繁に水分をとり、毒素を排出すること。

✣メイクをするには、手先を器用に動かすスキルが必要。マスカラを何度も何度もつける必要はない。ファンデーションも同じ。

✣20代、30代は、なにをしてもいい。すっぴん、厚化粧、なんでもあり。でも、ある程度の年齢になったら、過剰なメイクは避けるべき。

✣40代のフランス女性は、基本的に「自分に合うものがわかっている」ので、メイクも少し控えめになる。いつまでも若く見られたいのは誰もが同じ。最近では、ボトックス注射なんてしなくても、すてきに見せることができるコスメがある。

✣フランス女性は60代でも、かならずメイクをしてから外出する。この年齢になると、以前のような肌の輝きも弾力もなくなるので、そのぶん、メイクの腕はあがっているはず。できるだけ「明るめの色」で。黒はNG。ネイビーブルーやブラウンを使うと、表情が明るくなる。20歳の女性ならファッションショーからヒントを得た火星人のようなメイクをすることも可能だろうし、若い人はなんでも試してみるといいが、年齢を重ねた女性は冒険はやめたほうがいい。

✣すべての年代にとって、「リップスティック」は効果絶大。ハリウッドのスターや有名人が口紅をつけずに外出するなんてありえない。リップスティックには魔法のようななにかがある。無人島にも持っていきたいナンバーワングッズ。

✣夜の外出、とくに仕事のあとで出かける場合には、Tゾーンにフェイスパウダーをはたく。てからないようにするためにはパウダーはとても重要。

午後7時から午前2時までメイクのもちをよくしたいと思うなら、そしてシャンパンを飲むつもりなら、どろっとしたデイクリームは避けること。クリームの質感にはつねに注意！　クリーミーなものを塗ったときには、そのあとにかならずフェイスパウダーを。

✣夜のメイクには、挑戦的な色のアイシャドーも避けたほうがいい。昼は、ターコイズ、ホワイト、ダークブルーが映えるが、夜は厳しい。近くのビストロへ夕食に出かけるのに、鮮やかな色のリップスティックもやりすぎ。

ただし、赤いペディキュアをしているのなら、口紅の上に透明のグロスや色つきのリップバームなどを足してみるといい。唇の色があなたの瞳を輝かせ、あなたの笑顔がすべてを輝かせる。

✣一日を通しての太陽光、人工照明などの光の変化を忘れずに。昼のメイクが夜には別物になるということもお忘れなく。メイクは一日の時間に応じて変えていくだけでなく、季節も考える必要がある。光、時間、季節に応じて手軽に変えられるのがメイク。絶対に変えなければならないというわけではないけれど、でもやはり変えたほうがいい。

むずかしいことに挑戦するより、基本を丁寧に行う

クリスティーヌは1969年、19歳のとき、カリタのモンターニュ店でメイクアップの道を歩みはじめました。今でも元気に歩んでいます！　彼女は、顧客の美しさを最大限に引き出すことに人生を捧げているのです。

彼女の極意はこちら。

メイクアップアーティスト、クリスティーヌの話

ばっちりメイクが好きな人もいれば、ナチュラルメイクが好きな人もいる。今の時代の女性たちは、さりげないメイクを好む傾向にあります。でも、セレブやインスタグラムでスターになっている人たちは、日常生活では不可能なほどたっぷりメイクをしています。そういうふうに矛盾しているのです。ナチュラルメイクがしたいという人たちに、「なりたい顔」の写真を提示してもらうと、漏れなく濃いメイクでした。

たとえば、小顔に見せるメイクには努力がいります。写真で見る分にはすばらしいですが、毎日できるものではありません。スモーキー・アイ（目のまわりに黒系のアイシャドーを塗ったアイメイク）も、するだけで膨大な時間がかかります。そのメイクをキープするのも一苦労。あっという間ににじんで崩れてしまうからです。

お気に入りの道具は、「質のよいメイク用ブラシ」。種類が豊富なメイクアップフォーエバーのものを使っています。

メイクをできるかぎりもたせたいなら、油っぽいものやどろっとしたクリームは避けましょう。

わたしは美容液が大好きです。ファンデーションの仕上がりが完璧になるので、下地として使うと申し分ありません。そこに、フェイスパウダーをスポンジで！　フェイスパウダーをメイク用ブラシでつけても、肌のてかりはまったく抑えられないのです。

また、ロングステイファンデーションは一日の終わりにムラがでてきてまだらになるので、わたしはノーマルなファンデーションのほうが好き。最後にフェイスパウダーで仕上げます。アイメイクは、パウダータイプのアイシャドーとコールアイライナー（アラブの化粧品コールからヒントを得たパウダータイプのアイライナー）がいちばん長くもつようです。

ウォータープルーフのマスカラは、落とすのがむずかしいので避けましょう。何度もこすっているうちに、まつ毛が弱くなってしまいます。つけまつげも本物のまつげを傷めます。ただし、まつ毛染めは、よい状態が長く続きます。

昼から夜にむけてメイクを変えるとしたら、クレンジング製品をつけていないコットンパフで、余分な色を落とすように唇を拭います。同じように、まぶたにも優しくすべらせましょう。残った少しの色が下地の役割を果たします。それに色を足していけば、長もちするはず。またゼロからはじめると、それほど長くはもちません。

わたしは外出先で、メイクを全部落として再び塗りなおしたことは一度もありません。けれども、ベッドに行く前には、もちろんきれいさっぱりメイクを落とします！

つい忘れがちですが、眉にメイクをすることもとても大事。眉は顔のフレームです。目の下に、通常のアンダーアイコンシーラーは厚くつきすぎてしまうので使いません。かわりに明るめのファンデーションを使うのが好き。

肌の感触に満足していなければ、フェイスパウダーは避け、ファンデーションを指で溶かしながら塗りましょう。わたしはいつも、違う色のファンデーションを混ぜて、肌にぴったり合うようにしています。

年を重ねると、顔のうぶ毛が濃くなることも

ムダ毛、とくに顔のうぶ毛は、なんとなく口に出すのがはばかられる問題のひとつ。フランス女性は、地元のビューティサロンでワックスを使ってムダ毛処理をしてもらうことが多いのです。サロンでの脱毛はフェイシャルトリートメントと同じようにいまや当たり前です。

女性が年をとって、更年期や閉経を迎えると、顔のうぶ毛が濃くなることがあります。その理由を内分泌学者カトリーヌ・ブレモン＝ヴェィイユに聞きました。

内分泌学者、カトリーヌ・ブレモン＝ヴェィイユの話

「閉経」を迎えると、女性ホルモン（エストロゲンとプロゲステロン）が減少する一方、男性ホルモンやアンドロゲンが増大します。顔の一部分がこのアンドロゲンを感知しやすくなり、顎や口のまわりのうぶ毛が成長する原因にもなります。医学的に問題がないことを確認すれば、ホルモン補充療法を取り入れることもできます。

毛髪の質や色によっては、レーザーや電気での脱毛といった美容皮膚科学のメソッドも効き目があります。

また、医師が処方するクリーム〈ヴァニカ（毛が成長するために必要な酵素の働きを阻害し、顔面のムダ毛の成長を抑える抑毛剤クリーム）〉が効くかどうか、かかりつけの医師に相談してみましょう。これはムダ毛の成長を遅らせるクリームで、効果を得るためには、長期間塗りつづける必要があります。

ほかの選択肢として、ワックスや糸《スレッディング》を使用した脱毛法もあります。ブリーチ（漂白）は、デリケートな顔の肌にはきついので避けましょう。

《アドリエンヌ・アンスティテュドゥボーテ》の創業者コレット・パンゴールは、ワックス脱毛のあとに肌を落ち着かせるのには、アベンヌの〈シカルフェート〉を塗ることを提案しています。

永久脱毛なら、解決策が2つ。細い針を毛穴に刺し、電気を流して毛包を破壊する「電気脱毛」と、「レーザー脱毛」です。

電気脱毛は、顔からムダ毛を永遠に取りのぞく唯一の方法ですが、時間がかかりますし、痛みもともないます。レーザー脱毛は、濃い色の毛髪にのみ有効で、肌のトーンが明るくなります。レーザー脱毛をすると決めたら、まずは資格を持つ皮膚科専門医か形成外科医にかならず相談しましょう。レーザーはとても危険で、経験の少ない人間の施術を受けると、永遠に消えない傷が残る可能性もあります。

Part 3

フランス式ボディケア

Le Corps

Chapter

7

ボディケアについて、エキスパートからのアドバイス

魅力のない体などない。
ただ体がまだ形づくられていない、というだけのこと。

――ベアトリス・アラポグルー（ダンサー）

持って生まれたものを、もっとよくすることができる

「魅力のない体などない。ただ体がまだ形づくられていない、というだけのこと」

これは、昔、わたしに姿勢について指導してくれていたバレエの先生でダンサーの、アラポグルーの忘れられない言葉です。この言葉の持つ、「誰もががんばれば、持って生まれたものをよくすることができる」という前向きなメッセージがとても好きです。適切な動きで姿勢が正せるように、肌もまた、正しいテクニックと製品で改善できるのです。

少し前、ある結婚式に出席し、そこで友人に会いました。友人は背中が大胆にあいたドレスを着ていましたが、その背中はとても美しく、姿勢もすばらしい。触発されたわたしは、その夜、家に帰ってから今まで以上に毎日の肌のケアに専念しようと決心しました。

彼女はわたしに刺激を与えてくれただけでなく、ボディメンテナンスとは、ただバカンスや特別なイベントの前に付け焼き刃でスキンケアをすればいいというものではないことを証明してくれたのです。

フランス女性がとくに注意する体の部分があります。デコルテ、二の腕、手と爪、太腿（とくにセルライト）、脚の静脈、そして足です。それぞれ詳しく見ていきましょう。

1 フランス女性のデコルテのケア

デコルテにも日焼け止めを塗り忘れない

デコルテとは、首から下、胸までを指します。

つい見落としがちですが、ほんとうは毎日の特別なケアと配慮が必要な場所。なぜなら、デコルテは、体のほかの部分よりも皮膚が薄く、皮脂腺が少ないため、水分が不足して乾燥しやすくなり、シワができやすいからです。

デコルテにはつい、日焼け止めを塗るのを忘れてしまうことがよくあります。Vネックのシャツを着ていたり、上のボタンをいくつか開けたままにしたりしていると、肌にダメージを受けてしまいます。

残念なことに、一度乾燥し、ダメージを受け、シワになってしまったデコルテはもう手遅れ。効果的な改善方法はありません。ふだんからしっかり予防するしかないのです。

◎ジュネス（20～34歳）

この世代は、まだまだなめらかでしなやかなデコルテをしているでしょう。それでも、日差しにさらされる肌は、それがどんな部分でも、SPFの高い日焼け止めをかならずつけましょう。布地にこすり取られてしまわないように、服を着る前に日焼け止めをたっぷり塗りましょう。

◎プレニテュードとマテュリテ（35歳以上）

✣デコルテにダメージサインが表れないことを願って、毎日の歯磨きのように、デコルテに日焼け止めをつける習慣を体にしみこませましょう。

✣水道水に含まれるミネラル分が肌を乾燥させて肌荒れの原因になるので、高温でシャワーを浴びるのは避けること。タオルで強くこすらずに、毛細血管を傷つけないようやさしく押し当てて水分を拭きとること。

✣日光を浴びたあとや、シャワーやお風呂のあとには、すぐにデコルテを「保湿」しましょう。濃厚なクリームやオイルを使うといいでしょう。

✣わたしの夜のルーティンは、クレンジングの際にかならずデコルテも含めるということ。顔に使うのと同じやわらかいコットンパフにトナーをしみこませ、デコルテ全体を拭きとるようにします。

✣ときには、顔にモイスチャライザーをつけすぎたと感じることがありますよね。そんなときは、モイスチャライザーを手のひらでそっとデコルテまで「ストレッチ」していきます。

あるいはボディローションを使います。手のひらにのせたたっぷりのローションを、まずはデコルテの中央から右肩にむけて下から上へ伸ばします。それから中央に戻り、今度は左肩に向けて、また下から上へ手のひらを動かします。

◎わたしたちのお気に入りのボディクリームとボディオイル

ジュネス用：マリン&ゴッツ〈ビタミンB5ボディローション〉、ザ・ボディショップ〈ボディバターココナッツ〉、ソープワラ〈オーガニックボディオイル シトラスアーモンド〉

プレニテュード用：アベンヌ〈ボディオイル〉、ビオデルマ、レオノールグレユのオイル、コーダリー〈ヴァインボディバター〉

マテュリテ用：エンビロン〈モイスチャーACEオイル〉、ラ ロッシュ ポゼ〈リピカ〉

2 フランス女性の二の腕ケア

お風呂上がりには腕にリッチなクリームを塗る

二の腕の内側のたるみは、フランス女性の恐怖の的。この部分は、デコルテと同じくらい繊細なので、毎日のケアが必要です。

「こうもりの翼」とか「ビンゴウィング」などと呼ばれる二の腕のこの部分は、水分をキープするための皮脂腺が少ないため、肌にたっぷりの保湿が必要なのですが、それだけではありません。引き締めるのがたいへんで、ほかの部分の筋肉と同じように日頃から上腕三頭筋を鍛えるエクササイズが必要です。

シャワーやお風呂のあと、またビーチで過ごしたあとは欠かさず、腕にリッチなクリームかオイルを塗って保湿しましょう。

母ロレーヌの話

二の腕のこれって、どうやったら治せるの？　最近、二の腕をトレーニングしている女性たちをよく目にするわ。そして、二の腕を引き締めるエクササイズをはじめるのに遅すぎるということはないと気づいたの。実際、ダンスやジムですばらしい結果が出ているわ。

マッサージ理学療法士であり、《フィジオ スパ》の設立者、クリストフ・マルシュソーによると、二の腕を引き締めるのにベストなのは、スイミング、ストックを使用したウォーキング、自転車などとのこと。

わたしのオススメは、プロのトレーナーのレッスンを受けて、自宅で簡単にできる小型のウェイトをつかったエクササイズを習うこと。この部分のエクササイズは正しく行わないと、期待した成果が得られません。

3

指先まで磨き上げる

いつでもどこでも「ハンドクリーム」を塗る

シワや年齢のサインを顔から取り去ってくれるケアにばかり目が向いて、手のケアはついつい おろそかになりがちです。しっかりケアをしないと、いつの間にか手が実年齢を示す決定的な証拠になってしまいます。

数世紀前まで、たとえばルネッサンス時代、女性の手は「美しさを特徴づけるシンボル」とされていました。フォーマルな宮廷衣装をまとった女性の見える部分といえば、顔以外は手だけでしたから(当時、フランスで書かれた「美」についての論文には、こうあります。「手袋をはずした手に、女性の繊細さと上品さが表れているはず」)。

現代のわたしたちは、手袋をめったにつけません。真冬に屋外でするくらい。でも、手にはケアが求められます。ほったらかしにしてはいけません。とくに「保湿」をしっかりするようにたえず自分に言い聞かせましょう。

わたしは「ハンドクリーム」をいつでも塗れるように、仕事場のパソコンの横に、バッグの中に、自宅のナイトスタンドの上に置いています。

潤いが保たれている美しい手でも、爪やマニキュアがぼろぼろでは台無し。爪のお手入れは、その形だけでなく、健康も維持することが大切です。

祖母は「住んでいる町に優秀なネイリストを見つけたら、ぜったい手離しちゃダメよ！」とよく言っています。

祖母レジーヌの話

オートクチュールのショーの期間中、フランス版『ヴォーグ』編集部では、コレクションの取材のためにパリを訪れるアメリカ版『ヴォーグ』のビューティエディターたちを迎える。1950年代のはじめ、アメリカのビューティエディターたちは、信じられないほど洗練されていたわ。

フランス人のわたしや同僚たちがとくに驚いたのは、彼女たちの完璧に塗りあげられた赤いマニキュアの美しさ。コレクションを見るためにパリじゅうを駆け回り、長時間ハードに働いているにもかかわらず、彼女たちのネイルはまったく剝げずに美しいまま。惚れ惚れしたものだった。

ネイルのエキスパートが教えてくれたこと

若々しい手とゴージャスなネイルをキープできる、ふたりの優秀なエキスパートのヒントを紹介しましょう。

◎ネイリスト、ベアトリス・ロシェルの手と爪のケア方法

ベアトリス・ロシェルは、30年近く、シックなパリジャンやパリジェンヌたちの手と爪をケアしてきました。パリでもっとも有名なネイリストのひとりで、彼女の熱烈なファンのなかにはあのカトリーヌ・ドヌーヴもいます。ベアトリスの最年少顧客は6歳、最年長顧客はなんと104歳！　お店にはいつも1時間以上はいることに。「ほんもののハンドケアは時間がかかるものよ」とベアトリスは言います。

「爪はオリジナルの形に戻してあげることが大事。そういうケアは急いでできるものではないの！」

◎一般的な手のケア

手を洗うときは、皮膚を傷めることなく洗浄できる「低刺激の中性洗剤」を使用し、洗ったあとは手と爪をよく乾かすこと。風邪のときの消毒であっても、高いアルコール成分を含む「除菌ジェル」は、皮膚をカラカラにしてしまうので避けたほうがいい。そのかわりに、保湿効果のある固形石けんか低刺激の液体ハンドソープを使おう。

年齢とともに、もともと薄い手の皮膚はますます繊細になり、シワが目立つようになる。定期的に保湿をすること。それもしっかりと！

濃厚なクリームは保湿力が高い。爪にトラブルがある場合は、手にはクリーム、爪にはオイルを使うとよく浸透する。アーモンドオイル、ジャスミンオイル、ラベンダーオイルは、肌にもよく、爪の成長を促す。

ボディクリームを使った際に余ったクリームを手にすりこめば、さらなる保湿となる。

バカンスなどで日差しを浴びたときには、レモンを半分搾ったジュースを容器に入れて、オリーブオイルをスプーン数杯分加えてみる。それを太陽の熱で温めてから、容器のなかに手を入れる。お好きなだけどうぞ。

また、食事もとても重要。ビタミン、ミネラルがしっかり摂れているかを確認しよう。とくに、ビタミンB、亜鉛、鉄。ビール酵母、醸造用イースト（大麦にあるグルテンを発酵させてつくられるもの、ビオチンを含んでいる）のサプリメントが効くかどうかも試してみて。

◎マニキュアのポイント

爪の甘皮（ルースキューティクル）を、押しはがしてしまわないように。甘皮が守っている爪床を傷つけ、爪がもろくなったり割れやすくなったりする。爪の周辺の皮膚が硬くなる人もいるが、正しい方法でカットすると盛りあがることがなくなる。ただし、甘皮処理はプロに任せること！

マニキュアをつけるのは、週7日のうち6日だけにして。アセトンを含まない除光液でマニキュアを落としたあと、最低でも1日は爪に呼吸できる時間を与えましょう。

マニキュアを落とすときは、コットンパフを数秒間、爪に押し当て、リムーバーがマニキュアにしみこむようにする。パフは薄ければ薄いほどよい。

化学製品や硬化剤はどれも、ほんとうは爪によくない。爪にはしなやかさが必要。爪を固めすぎると、逆に割れやすくなる。爪が乾いているなら、化学物質で固めるよりも、保湿を。化学物質はどれも、爪をさらに乾燥させてしまう。

わたしは、キュアバザーのように自然なマニキュアしか使わないように推奨している。キュアバザーは、色も豊富に選べ、もちがいい。カトリーヌ・ドヌーヴも使っていたとか。

◎マテュリテのための特別なヒント

手のシミなどの加齢のサインを目立たなくする秘訣は、ファンデーション。はじめに保湿クリームを手に塗りこみ、じっくりとしみこませるのがベストな方法。その後、メイク用スポンジでファンデーションを手の甲に塗ると、手の肌の色まできれいになる。

もし、自分の手を若返らせるために高度な技術を使おうというのなら、レーザー治療を受ければ肌がなめらかになりシミを減らすことができる。手をふっくらさせたいなら、高濃度のヒアルロン酸のようなフィラー（充塡剤《じゅうてんざい》）か自分自身の脂肪（脂肪移植という）を注射するという方法もある。

国家最優秀職人賞を持つエステティシャンのケア方法

国家最優秀職人賞《メイユールウヴリエドゥフランス》を持つエステティシャン兼メイクアップアーティストのシルヴィ・フエラーリによる、さらなる手と爪のケア方法をご紹介しましょう。

フランスでは、どの分野においても「熟練した職人」は称賛に値し、ほかの労働者とははっきりと区別されるべきと考えられています。この賞は、業種ごとにもっとも優秀な職人であると認められた人に授与され、伝統的な工芸技術から現代的な技巧まで幅広い専門分野が対象となります。フェイシャル、ボディ、ネイル、手足、脱毛、メイクといった美容分野もこれに含まれます。

シルヴィは人気のエステティシャンで、毎週、プードルを連れてきて飼い主と同じ色のマニキュアをその犬に塗ってほしいという顧客までいるくらいです。

シルヴィのアドバイスは次のとおり。

◎シルヴィ・フェラーリのマニキュアの基本的なポイント

「ネイルサロンでマニキュアをするつもりなら、店舗内の環境や器具類の衛生状態をチェックするように」とシルヴィ。

ネイリストを選ぶ基準は、顧客の要望に応じてさまざまなネイルケアを提供できること。しっかりとアドバイスができること。ネイルケアについて段階を踏んで説明できること。新しい技術についても知識があり、それを顧客に提示することができること。そしてもちろん、ネイリスト自身の手に一分の隙もないこと。

爪に甘皮ができはじめたら、手と爪のケアをする必要があるというサイン。ふつうは、ティーンエイジャーのころからはじめる。

では、甘皮をカットする必要があるのでしょうか？　答えは、イエス……そしてノー！　定期的に手のケアをしていれば、甘皮をカットする必要はない。甘皮にオイル類を頻繁に塗っていれば、爪の表面に栄養が与えられるので甘皮をカットしなくても大丈夫。甘皮をカットしなければならないのは、爪の表面が乾いて水分を失っているときだけ。

爪の乾燥にはいくつかの原因がある。水に触れる機会が多いとき。合成洗剤を多く使っている場合。ケア不足。冬の冷たい風など過酷な環境につねにさらされているとき。ハンドクリームで、定期的に爪の表面に油分を補うことが大切。

◎家でのマニキュアのコツ

爪にかならず、ファイル（爪やすり）をかけること。爪の表面にオイルを塗り、甘皮にもしみこませる。ハンドクリームも使うこと。

マニキュアをするなら、塗る前にはベースコート、塗ったあとにトップコートをつけること。どんなときでもベースコートは塗ったほうがいい。ベースコートだけでも爪の表面を守ることができ、マニキュアを塗らなくてもツヤが出せる。トップコートはマニキュアを守り、つややかに見せる。

爪にファイルをかけるときは、行ったり来たりの往復がけは避けよう。目の細かいファイルを使用し、外側から爪の中央に向けて磨くこと。

マニキュアの色は、自分の肌と調和する色を選ぶこと。これまでと少し違った色や斬新な色も、どんどん試して楽しむといい。ただし、服装など全体的なスタイルとのバランスも考えること。斬新な色を楽しみたい場合の妥協案は……冒険的な色は足の爪に塗り、手の爪にはおとなしめの色を選ぶといい。

リムーバーは、アセトンの入っていない低刺激なものを。よいリムーバーは塗ってみて確かめるしかない。塗ったあとに爪が白くなるのは、リムーバーが強すぎるというサイン。

リムーバーの正しい使い方は、リムーバーをしみこませたコットンパフを爪のうえにのせ、リムーバーがマニキュアに作用するのを待ってからそっと動かして拭きとる。右左にごしごししないこと。そうすると肌にマニキュアが残ってしまう。

◎シルヴィ・フェラーリのマニキュアキット

✣目の細かいネイルファイル（爪やすり）
✣ネイルリムーバー
✣キューティクルオイル

✣ハンドクリーム
✣美容液か美白製品（シミを防ぐため定期的に塗布）
✣シルヴィのお気に入りのネイルブランド：ＯＰＩ、キュアバザー、エッシー、アレサンドロ・インターナショナル

◎ジュネス（20〜34歳）

保湿性の高いハンドクリームを使用したあと、しっかりとした下地の上にマニキュアを塗りましょう。わたしはマニキュアをしてもらいにサロンへ行って、はじめて担当してもらうネイリストに、ふたつのことについては「ノー」と伝えることにしています。ひとつはジェルネイル。山ほどの化学物質を使わないと落とせないから。もうひとつは、甘皮を必要以上にはがそうとすること。

◎プレニテュード（35〜54歳）

手にきちんとしたケアをしてからマニキュアを塗ること。きちんとしたケアとは、シミ予防のための美容液を使うことと、ハンド用のパックとパラフィン浴（温熱療法のひとつ。パ

ラフィン（ろう）を50℃で熱して溶かしたものに手を浸ける。肌がつるつるになる）。肌の状態を見て、両方、またはいずれか一方を行います。こうすれば、家でも申し分のないケアができます。

◇マテュリテ（55歳以上）

プレニテュードのルーティンと同じ。太陽にさらされるときは、シミを防ぐためにかならず美容液か日焼け止めで肌を守ってからにしましょう。

◎わたしたちのお気に入りのマニキュア

すべての年代に：わたしたちは、ベアトリスに薦められて以来、キュアバザーに惚れこんでずっと愛用しており、祖母は〈ローズミルク〉、母は〈マカロン〉、わたしは〈ビニール〉の色が定番です。けれどもキュアバザーに似たほかの自然派ブランドや、休日などは別の色を選ぶことも。爪のそのときそのときの健康状態によっても、大きく変わります。

4 ヒップや太腿のセルライト対処法

プロが教える、セルライトをなくす方法

どんなにエクササイズをしていても、体重に関係なく脚やヒップにえくぼのようなくぼみがあってでこぼこしていたら、それはセルライト。

セルライトとは、脂肪組織が血管やリンパ管からあふれ出た不要なものと結合し、行き場がないままに押しあげられて肌の表面に現れたもの。体質的にセルライトが出る人と出ない人がいます。出る人は、どうすればなくすことができるのかを考えましょう。

パリのマルティヌ・ドゥ・リシュヴィルは、心理学、東洋医学、ルドルフ・シュタイナーのリズミカルマッサージ療法を学んだのち、独自のマッサージ法を生みだしました。彼女の療法は、体の贅肉と心のストレスを取り去ることを目的としています。手のひらの力

だけで、長時間続く効果が得られるのです。セルライトには遺伝的要素もありますが、彼女の手法のようなハンドパワーによる治療も、セルライトをなくす手助けとなります。

以下は、マルティヌのセルライト対策のポイントです。

マルティヌ・ドゥ・リシュヴィルの話

ティーンエイジャーの女の子は、体の変化に気を配る必要がある。バランスのいい食事を心がけ、糖質の摂取をチェックすること。ホルモンの大きな変化に、体と代謝システムが適応するのに時間がかかるため。

セルライトが下半身に見られ、血行やリンパ管の問題に関係がある場合には、サポートストッキングを着けて静脈の流れを改善することが大切。ただし、着圧度を決めることができる専門家に相談すること。

静脈還流を改善できる運動は、どんなものでもOK。夜、両脚を持ちあげる。朝と夜、クリームで両脚をマッサージする（円を描くように足首から膝に向けて塗りこむ）。馬毛のグローブを使用すると血行改善の近道に。

ビタミンEと抗酸化物質が豊富な食べ物は、血行をよくする。アボカド、ベリー類、パプリカ／ピーマン。ネギ類には利尿作用がある。塩分の多い塩辛い食べ物は控えること。食物繊維が多く含まれる食材を摂ると、腸の動きが活発になる。水もたくさん飲みましょう（一日に少なくとも1・5リットル）。

激しすぎない有酸素運動がオススメ。定期的にスポーツをするのは、心身の良好なバランスを保つ最善の方法。バランスのよい食事と定期的なエクササイズを心がけていれば、体を変えることができる。

5 血行をよくする方法

旅行の必須アイテム「コンプレッションソックス」

家族で代々開業している、メリニャック整形外科五代目の整形外科医カロリーヌ・メリニャックに話をきいてからというもの、わたしは、旅行に行くときには絶対、コンプレッションソックスを忘れない！　と誓ったくらいです。

コンプレッション（医療用弾性）ソックスとストッキングについて、彼女の話を紹介しましょう。

整形外科医、カロリーヌ・メリニャックの話

1．コンプレッションソックス／ストッキングとは

静脈のシステムは、生まれたときから人それぞれ違い、そのうえ、生活習慣にも大きく影響される。ホルモンや妊娠が原因で、女性は静脈機能不全に陥りやすい。

一般的に静脈瘤《じょうみゃくりゅう》ができるときは、日中の痛みからはじまり、拡張した毛細血管が現れる。症状としては夕方には痛みや落ち着きのない感じ（こむら返り、じっとしていられない脚のむずむず感）が、さらに一日の終わりには足首や足にむくみが出る。

「医療上のコンプレッション」の目的は、下肢を圧迫することで、血液の鬱滞《うったい》（拡張した静脈のせいで、血液が下肢でよどむこと）を防ぎながら、静脈の血液やリンパ液のポンプ機能を改善させることにある。

とくに長時間の立ち仕事や断続的に歩くことが多い人、また長いあいだ座ったままのデスクワークや旅行の際にも、予防のためにコンプレッションソックスかストッキングの着用を勧めている。

コンプレッションストッキングは、運動時と同じように、安静時にも一定の圧力をかけることができる。

コンプレッションソックスやストッキングの手入れ方法としては、使用するたびに

中性洗剤か洗濯洗剤を溶いたぬるま湯でやさしく手洗いし、しっかりすすぐ。タオルで余分な水分を取り除き、陰干しする。洗濯機でもぬるま湯を使い、弱水流、弱回転の設定なら洗うことができる。柔軟剤は使わないこと。乾燥機の使用も避ける。

同じコンプレッションソックスやストッキングを一日中着用していると、効果は30パーセント低下するといわれている。洗うことで繊維が再度引き締まれば圧ももとに戻る。毎日着用し、毎日洗濯したとしたら、使用できるのは3か月から4か月だろう。

コンプレッションソックスやストッキングを着用する前に、軽いタイプの保湿クリームやローションを使用するといい。それによって圧の効果が変わることはない。肌が乾燥しているとストッキングがずり下がってくる。

2. コンプレッションソックスやストッキングの使い方

飛行機などの乗り物移動の際に、コンプレッションソックスやストッキングを着用しなければならないのは、いくつぐらいからか?

とくにいつから、というのはない。脚がむくんだり、フライトの最後に靴がきつくなって履きづらかったりしたら、着用をはじめるタイミング!

そしてもちろん、飛行機に長時間乗る機会の多い人は、たとえ右記のような症状がなくても、コンプレッションソックスやストッキングを着用したほうがいい。フライト時間が長くなればなるほど、血栓症や静脈炎のリスクが高まる。

少なくとも「フライトの一時間前」からコンプレッションソックスやストッキングを着用し、到着後もさらに一時間は脱がないことを勧めている。

現地に着いたら、できるだけ歩くこと。到着後、すぐに寝る場合は、体をベッドに横たえてから、コンプレッションソックスやストッキングをかならず脱ぐこと。飛行機から降りたあとも、コンプレッションソックスやストッキングを着用している時間が長ければ長いほどいい。

サイズがきちんと合っているものを着用すること。サイズがぴったり合ってこそ効果を発揮する。

3. 美脚にとってよいこと・よくないこと

「動くこと」はとても重要！

座っている生活、一日中パソコンの前に座っている生活は体によくないが、脚にも悪い。血液の専門医は、一日30分のウォーキングを推奨している。

エレベーターに乗らずに階段を使ったり、少しでも歩いたりする機会を見つけよう。たとえジムに行く時間がなくても、健康を保つ習慣を一日のどこかで欠かさないように工夫すべき。

「熱いお風呂」より「シャワー」を。最後に、「水」を脚（とくに足首とふくらはぎ）にかける。かならずしも冷たい水である必要はなく、シャワーのお湯より少しぬるめくらいでもよい。

夜、体液の流れをよくするという特性を持つレモングラス、ローズウッド、ゼラニウム、ローズマリーなどのエッセンシャルオイルで脚をマッサージする（アロマセラピー用のエッセンシャルオイルは原液のままだと強すぎる。スイート・アーモンド、ホホバなどのキャリアオイルまたはベースオイルで薄めて使用する）。足首からはじめて、だんだんとふくらはぎ、太ももへと揉みあげていく。冷却効果のある脚用ジェルでマッサージしてもよい。

長時間、日に当たることは避ける。海に行ってビーチを散策することになったら、水に膝までつかって歩くこと。筋肉にもよく、水圧が体液の流れを促すマッサージになる。

やわらかく、なめらかな脚をキープする方法

わたしがティーンエイジャーだったころは、近所の居心地のよいビューティサロンのお

かげで、時間とお金を節約することができました。

フランスでは、脚や腋のムダ毛を自分で剃ったりはしません。レーザー脱毛はまだ開発されたばかりで、とても高額でした。ですから、近くのサロンへ行って、ワックス脱毛をしてもらっていました。17歳の少女にとっては、パーティに招待されているのに、生えてはいけないところに毛が生えているほど最悪なことはありませんでした。


それから何年か経ち、現在はフランスを離れて暮らしていますが、パリへ帰るのはいつでもうれしく、戻ればかならず、以前頻繁に通っていた《アドリエンヌ・アンスティテュドゥボーテ》の創業者コレット・パングールに会いに行きます。

コレットとその妹は、パリのマドレーヌ地区で30年間ビューティサロンを営んでいて、中庭に面した個室で、ほぼワックス脱毛だけという限定サービスを提供してきました。彼女たちは、砂糖によるワックスを使用しています。リサイクル可能なワックスを、毛包が拡張できるくらいの粘度を保ちつつ、なんとかなめらかになる程度の低温で利用しているのです。

あるジャーナリストが言っていました。「あなたの毛髪が扱いやすいなら、どこのサロンでも大丈夫。でも、あなたの毛髪が扱いにくければ、コレットのところへ行くしかない！」と。

彼女たちからわたしが学んだことは、脱毛するときには、肌にダメージを与えるような方法は取らないこと。毛を剃るよりワックスを試しましょう。超敏感肌であれば、ワックスのあとに肌が赤くなるのはしかたがないことかもしれません。けれどもどんなタイプのホットワックス脱毛でも、事前にコーンスターチがベースのパウダーを塗ると、肌が赤くなるのを防ぐことができ、発汗も抑えられます。

ワックスのあとは、アベンヌの〈シカルファートリストラティヴスキンクリーム〉を塗るといいでしょう。ワックス脱毛の前と後は日に当たらないこと。

6 フランス女性のフットケア

パリの最高級ビューティサロンのフットケア

パリでのこと。ある土曜日の朝、わたしは祖母から高校の卒業祝いをすると言われ、期待に胸をふくらませました。というのも、その春じゅう昼も夜もフランスの高校生全員が恐れるバカロレア（フランス教育省が中等教育修了と大学入学資格を併せて認定する国家資格）のための勉強に明け暮れていたからです。

祖母から教えられたバッサーノ通りの住所に行くと、そこには当時最高級のビューティサロン、《レブロン》がありました（今でこそ、レブロンのコスメはドラッグストアでも買えますが、当時はパリでも店頭では買えませんでした）。

お店に入ると、天井が高く、広々とした明るい部屋で、そこにやさしい笑みをたたえて座っている祖母を見つけました。わたしが祖母の頬にキスすると、これからとてもエレガントで最新式の「美しい足」という名のケアを受けるのよと言われました。

これは、ただペディキュアを塗られるだけではなく、足の爪がいつも健やかに伸びるよう、特別な器具で清潔にし、やわらかくし、形を整えるといった、より医療的な処置なのです。

そうしたケアを受けたわたしは、なんだかとても大人になったような気持ちになりました。周囲を見まわせば、信じられないくらい上品な淑女たちが、馴染みのエステティシャンとのおしゃべりを楽しんでいます。

祖母は、このサロンがオープンした1947年当時の最初の顧客のひとりで、閉店するまで月に一度は通いました。今でも、自分の足が完璧でいられるのは、このサロンのエステティシャンたちのすばらしいプロ意識のおかげだと祖母は言っています。

フランス女性に人気の「メディカル・ペディキュア」

フットケアには、いくつかのレベルがあります。医療的な問題については、それがどんなものであっても、内科医の資格を持ち、フットケアについての専門的な臨床経験もある

「足治療専門医」の診察を受けるといいでしょう。

つぎにフランス女性に人気の「メディカル・ペディキュア」があります。これは、高い技術をもつプロがペディキュアをはじめとする足の爪のケアをしながら、硬くなった皮膚、タコ、ひび割れの治療に取り組み、サイズや型が合わない靴によるダメージの予防にも対応してくれます。

メディカル・ペディキュアは、足の爪（とくに巻き爪、爪の変色、でこぼこ、感染症、真菌）と足の皮膚（タコ、かかと付近のひび割れ、うおの目、まめ）のトラブルには魅力的な選択肢です。こちらは肌を乾燥させた状態でケアが行われます。

最後は、ふつうのネイルサロンかビューティサロンで行われる典型的なペディキュア、つまり指の爪と同じ、足の爪のマニキュアです。こちらは、ピーリングやスクラブなども含め、肌を湿らせて施術するのが一般的です。

足治療専門医によるフットケアのアドバイス

バスティアン・ゴンザレスは、フットケアの分野における独自のアプローチで世界的に有名になりました。「足は生きているあいだずっと変化する」と彼は言います。

「同じ家系の女性を四世代並べてみると、初めは小さかったゆがみが時間の経過とともに次第に大きくなっていくのがわかる。患者が35歳以下なら、予防に重点を置く。50歳以上なら、治療に集中する。そうは言っても、年齢だけで分けているというわけではない。仕事で毎日ハイヒールを履くことによって、足に大きなダメージを負っている25歳のスーパーモデルを治療する一方で、高齢にもかかわらずいまだに赤ん坊のような足をしている女性もいる。この違いは、DNAによる運不運と、長年にわたるフットケアによるものが大きい」

以下は、さらに彼の専門的なアドバイスです。

足治療専門医、バスティアン・ゴンザレスの話

月に一度、シャワー時、足にスクラブを使用する。寝る前の数分間、保湿しながら足をマッサージすると、血液の循環を促し関節の可動域を広げられる。指のあいだとかかともマッサージすることを忘れずに。足の皮膚は顔の皮膚より分厚いので、つねにフットクリームなどを使った特別なケアが必要。

使い古しの電動歯ブラシを使って、足の親指の爪の脇の部分を掃除し、角質や乾いた皮膚を取り除くと、皮膚が硬くなるのを防ぐことができ、やわらかい皮膚がキープ

できる。

専門家でないなら、自分で甘皮をカットするべきではない。甘皮を強引にはがしすぎるのもやめるべき。押しはがすと、甘皮と爪の間があいて細菌が入りやすくなり、感染症のリスクが生じる。

甘皮をはがしたあとは、毎日、キューティクルオイル、軟膏、あるいはクリームを塗って保湿すること。また、甘皮をはがす際、ピーラーのようなものは、刃がなまくらで皮膚を傷つけるおそれがあるので避けること。メディカル・ペディキュアでは、ピーラーとは違い、殺菌された手術用のメスのような精密な刃を持つ器具が使われている。

自分でペディキュアをするのが好きなら、4、5日ごとに塗り替えること。長いあいだつけたままにすると爪によくない。

ジェル系、アクリル系、他のネイルがもつ期間は、製品の質によって2週間から2か月間と幅がある。でもそれらはどれも、身体に悪い化学物質でつくられているので、わたしはお勧めしない。多くの人が足の爪にはアクリルのネイルチップ（つけ爪）をつけないのだから、手の爪にも使うべきではない。定期的に使用すると、ファイル（爪やすり）によって爪がどんどん薄くなり、やわらかくなり、割れやすくなる。

◎ジュネス（20〜34歳）

ジェル系、アクリル系、その他ケミカル系のネイルチップを日常的につけないよう気をつけましょう。特別なフットクリームで定期的なマッサージを行い、足に潤いを与えること。スカッシュのボールで、簡単で有効なマッサージができます。足の裏でボールをころがし、摩擦で温かくなると、足のインナーマッスルがほぐれます。

◎プレニテュード（35〜54歳）

足にうおの目、タコ、ひび割れなどがある場合には、メディカル・ペディキュアの予約を取りましょう。そして、リッチタイプの保湿クリームを毎日塗りこみます。たっぷり使用し、そのあとは木綿の靴下をはいて眠ります。靴下をはくことで、シーツや足以外の部分をクリームで汚すことなく、足だけにクリームを浸透させることができます。

◎マテュリテ（55歳以上）

外反母趾《がいはんぼし》や鷲爪《わしづめ》変形／屈《かが》み指（ハンマー指）のような足趾《そくし》変形のために手術を受けたい

と望む女性がいますが、歩行に影響が出ていたり、痛みがあったりしないかぎり、手術はやめましょう。手術は苦痛をともなう処置なので、最終手段として考えるべきです。

自宅でできるフランス式フットケア

メディカル・ペディキュアのクリニックやサロンでプロのペデキュアリストが行うようなケアは、たしかに家ではできませんが、専門家によるケアがとくに必要でない場合には、自宅で定期的にリッチタイプのローションかクリームを使って、自分で足の皮膚（とくにかかと）に潤いを与え、なめらかにすることができます。

わたしが実践している、自分でできるフランス式のベストなフットケアのテクニックをご紹介します。

✣まず、古いペディキュアを落とします（落とし方はマニキュアの項参照）。

✣温かいシャワーかお風呂のなかで、ボディスクラブあるいは足用の特別なケア製品で足の角質をよく洗い落とします。それから手でマッサージ。とくに体重がかかるところや、ダメージが出やすいところ、または痛みが出やすいところを円を描くようによく揉みます。強くしすぎずにやさしく！　それから、足、とくに指や爪のあいだをよく乾かします。

✣温かいお湯で足の皮膚がやわらかくなっているところで、キューティクルオイルを塗って、一分間マッサージします。キューティクルスティック（木製のウッドスティックや金属製のメタルプッシャーなど）を使って、甘皮をやさしく押しはがします。これで、足の爪がきちんと手入れされた状態になり、ペディキュアを塗りやすくなります。次に、バスティアンの提案どおりに、使い古しの電動歯ブラシを使って、足の爪と皮膚の間の境目をきれいにします。

✣爪を切る場合は完全に乾いてからにしましょう。爪切りは大きめのものを使いましょう。爪は丸く切らず四角に切ることで、爪の伸び方が美しくなり、見た目もよくなります。角を少し取り、切りすぎない程度に整えるといいでしょう。足の爪が皮膚に食いこんでしまう巻き爪を防ぐことができます。

✣最後に、足、足の指、そしてかかとのように、とくに乾きやすいところをマッサージします。足がいつも以上に乾いていると感じたときは、直接働きかける足用の特別なクリームをプラス。マッサージすると足がやわらかくなり、一日でたまった緊張（とくにハイヒールを履いていることによる）がすべてほぐれます。

いつも、足の指からはじめて、土ふまずに向かい、最後はかかとの順番に。そして足首を上に押しあげるようにすばやくマッサージして終わりです。

◎わたしのペディキュアキット

✣角質除去のスクラブ
✣アヴェダ〈フットリリーフ〉、ニュートロジーナ〈ノルウェーフォーミュラ・フットクリーム〉、レヴェランスドゥバスティアン〈センシティブフットバーム〉のようなリッチなタイプの足用モイスチャライザー
✣大きめの爪切り
✣使い慣れたキューティクルスティック
✣使い古しの電動歯ブラシ
✣細かい目のグラスファイルネイル（ガラス粉末がついた爪やすり）、たとえば、ドクター・ショールかレヴェランスドゥバスティアンの製品は、真ん中の層である中爪《ちゅうそう》まで削ることはなく、爪の表面の背爪《はいそう》を削るだけにとどまるので爪にストレスを与えない。
✣ポリッシング／バッフィング（爪磨き）キット：デボラリップマン〈バッファーネイルファイル〉とレヴェランスドゥバスティアン〈パーリーバッフィングクリーム〉
✣爪と甘皮にはディオール〈アブリコネイルクレーム〉、エリザベスアーデン〈エイトアワークリームスキンプロテスタント〉、サリーハンセン〈キューティクルマッサージク

リーム〉、レヴェランスドゥバスティアン〈ネイル&キューティクルアングワント〉
✣タルカム・パウダー（朝、シャワー後、スポーツの前などに、足の汗を抑えるために使用）
✣キュアバザーかサンデーズのマニキュア

整形外科医による外反母趾にならないためのヒント

整形外科医ドクター・セルジュ・オーティエは、外反母趾に詳しいパリでの第一人者。女性が足の問題で整形外科を受診する第一の理由は足の側面や親指の付け根に共通の変形が見られる外反母趾（バニオン）です。

遺伝が原因であることがほとんどですが、足に合わない靴やハイヒール（とくに毎日履いている）などによって悪化する場合も多いのです。はじめは、うおの目やタコからはじまり、しだいに変形して痛みをともなうようになります。

ドクター・オーティエの助言はこうです。

整形外科医、ドクター・オーティエの話

うおの目やタコを予防し、足の健康を保つのに、スポーツシューズを推奨している。足を締めつけすぎたり、圧迫したりすることがない。

「ヒールの理想的な高さ」は、ふだんなら約4～5センチを少し超えるくらい。特別なイベントなどの場合には約7～10センチ。

「フットクリーム」を定期的に使用する。タコを予防できる角質除去用クリームは手軽に入手できる。

痛みと変形がひどくなった場合は手術が必要になる。症状の悪化を抑え、手術を先送りにするには、履き心地のよい靴を選び、靴を履いている時間を短くすること。ただし、手術は早ければ早いほどよい。「外反母趾」が自然に治癒することはない。

術後は、理学療法士によるリハビリと指圧やテーピングによるマッサージを受ける必要がある。3か月間は、きつい靴を履かないようにすること。

Part

4

フランス式
ヘアケア

Les Cheveux

Chapter

8

いくつになっても美しい髪で

髪を切る女は、人生を変えようとしている。

——ココ・シャネル

まっさきに人から見られるもの、それは「髪」

ニューヨークに引っ越したとき、ディオールでいっしょに働いていた親友のひとりが、お祝いにとわたしをナイトクラブに連れていってくれました。ボックス席に座ってダンスフロアをながめていると、女性たちの髪がすばらしいことに気づき、驚きました。ふさふさと豊かで、ツヤがあるのです。ただただフランス人の髪とは違っていました。

家に帰るあいだも、どうしたらあれほど美しい髪でいられるのだろうか、ということで頭がいっぱいでした。

理由は水にあるのでしょうか？　「硬い」パリの水にくらべてニューヨークの水が「やわらかい」ことはすでに知っていました。水のやわらかさは、たしかに髪や肌によい影響を与えます。やわらかい水のほうが、自然な油分が失われにくいのです。

でも、水以外の理由もあるに違いありません。フランスの女性は、つねにヘアケアのことを考えています。すべての女性がそうであるように、髪が人の個性のなかでかなり重要な部分を占めているのを知っているからです。

あなたが部屋に入ったときにまっさきに人に見られるのも、髪なのです。

1 美しい髪はネックレスのようなもの

「髪がきまらない日」はフランス人には存在しない

つやつやと輝く健康的ですてきな髪は、あらゆる人を幸せにします。美しい髪はネックレスのようなもの。髪がすばらしければ、メイクも、どんな宝石や装飾品も必要ありません。

その一方で、髪がうまくきまらない日（これは、フランス人には存在しないフレーズ。でも本来は存在していいはず！）は、気分も沈んでしまいます。

だからこそ、フランス女性は髪の問題（とくに薄毛や脱毛）の診断とケアについて、たびたび専門家に助言を求めるのです。アメリカの女性の豊かな髪にもあこがれますが、フランスの女性だって努力して、なかなかの結果を出しています。

祖母レジーヌの話

わたしが若かったころは、髪といえばきちんとまとめるものだった。夜の外出時には、とくにそうね。シニヨン（お団子頭）が流行り、なかでも髪を縦長にまとめる「バナナシニヨン」には不滅のエレガントさがあると思う。アレクサンドルは、このスタイルで有名になったのよ。

当時の二大ヘアドレッサーといえば、ギヨームとアントワーヌ。アントワーヌは当時すでに80代だったけれど、ニックネームは「星《ル》の王《プティ》子さま《プランス》」。アメリカにも支店を出すほどの人気ぶりだった。なんといっても、オードリー・ヘプバーン、ソフィア・ローレン、エヴァ・ガードナー、そしてエリザベス・テイラーといった名だたる女優たちが彼のサロンで撮った写真が出回っていたんですもの。

有名ヘアドレッサーのサロンに行くのは、いつもとても楽しみだった。アントワーヌの店ではマルティーヌ・キャロルを、ギヨームの店ではマレーネ・ディートリッヒを見かけたこともあるの。マレーネの手はまるで陶器のようで、爪には薔薇の花びら色のマニキュアが塗られていたのをいまでもよく覚えてる。彼女の爪にも髪にもうっとりしたわ。

母ロレーヌの話

わたしが16歳のときには、ストレートヘアが大流行。わたしも髪をまっすぐにしたくてたまらなかった。ティーンエイジャーに流行を追わないようにさせることほど大変なことはないでしょう。反対していた母も、結局は根負けした。

でも、ストレートにするために熱をかけたせいでわたしの髪はひどく傷んでしまい、その後何年間も特別なケアが必要だった。カリタのサロンへ何度も足を運び、栄養たっぷりのカリタオリジナルのエッセンシャルオイルと髪を再生させるヘアパックをしたの。

1973年のこと、ファッションとビューティ界のトップフォトグラファーがことごとく指名する、モッズ・ヘアの創業者ギヨーム・ベラールに出会ったの。ギヨーム・ベラールといえば、当時、伝統的なフランスのシニヨンよりも自由なヘアスタイルで新風を巻き起こしていた。

彼の「髪のなかの風通しをよくしよう」というフレーズは、わたしのお気に入りの言葉のひとつになった。それまでのかっちりまとめたヘアスタイルから、いわゆる「コワフェ-デコワフェ（つくる-崩す）」――つまりしっかりセットされているにもかかわらず、そうは見えない自然なスタイルへの進化を、あのとき目の当たりにしたわ。

長いこと、わたしはシャンプーを手作りしていた。卵黄2個に、ティースプーン1杯のラム酒を入れて泡立てたシャンプーよ。リンスには、1リットルの冷たいミネラルウォーターにレモンジュースかサンタ・マリア・ノヴェッラ（天然ハーブを用い、自然治癒や予防医学という思想をもとにした、フィレンツェで800年の歴史を誇る世界最古の薬局）の〈アチェート・ダ・トイレッテ・ヴィオレッタ（すみれ酢）〉を数滴垂らしたものを使っていた。

一時期、ヒマシ油（キャスターオイル）を使っていたこともある。髪に塗りこんでシャワーキャップをかぶり、1時間待つのよ。ただ、匂いがあまりよくなくて、実用的ではなかった。しかも、ヒマシ油は落ちにくいのでシャンプーで二度洗いしないといけなかったの。

今はたまに、洗髪の2時間くらい前にココナッツオイルを塗るようにしてる。ココナッツオイルを塗ったあと、一晩そのまま過ごして翌朝洗い流すこともあるわ。そうすると、髪がとてもやわらかくなるのよ。

「信頼できる美容師」を手放さない

わたしはというと、若いころはブリジット・バルドーの髪に絶対的なあこがれを抱いていました。「ソー・デュ・リ（ベッドジャンプ）」と名づけられた彼女の新しいヘアスタイルが大流行していたのです。

天然のウェーブのかかった豊かな金髪が、まるでベッドから起き上がったばかりのような、あるいはあなたをベッドにもう一度招き入れるような、とても自然なスタイルに見えました。たとえ、ほんとうはそのスタイルにするのに数時間かかっていたとしても。今でも、あのシンプルなレイヤードカットのバルドーのナチュラルヘアはオススメです。

わたしたちの世代は、ヘアスタイリングといえばカラーリングやブローよりも、やはりカット。だれもが、ファルマシーに通うように、近所に少なくとも1軒はあるヘアサロンに通いはじめます。

わたしも以前は数か月に一度、枝毛などを予防して健康的な髪を維持するヘアカットをしてもらっていたのですが、あるとき不幸に襲われました。雇われたばかりの新人、おそらくまだトレーニング中のヘアスタイリストの犠牲になったのです。わたしが、実験台としてちょうど手頃なモルモットに見えたのでしょう。わたしの前髪は切られすぎてしまいました。あれはほんとうに大惨事でした。いまでも友人の語り草になっているほどです。それ以来、わたしはもう危ない橋は渡らないと決めました。髪の色などもこれまでずっと変えないできたのです。

でも最近になって、ニューヨークのジュリアン・ファレルのヘアサロンで、すばらしい技術を持つカラーリストのマリス・アンブローズに出会い、彼女になら、白髪染めなどのカラーリングをしてもらってもいいと思えるようになりました。彼女を心から信頼することができたからです。

髪の元気がなくなってしまったら、どうする?

わたしが「髪の健康の大切さ」に気づいたのは、数年前、髪に問題を抱えてからでした。それまではかなりしっかりしていたわたしの髪の感触が、突然変わってしまったのです。

実際に抜けてしまったわけではないのですが、なぜか薄くなってしまったような感じで、きれいに見えません。洗髪から1時間ぐらいはそれほど見た目も悪くないのですが、それ以上たつと、へなっとして元気がなくなってしまうのです。わたしはひどく動揺し、自分の髪で編んだ三つ編みのように見える（つまりボリュームがあるように見せてくれる）カチューシャを使いはじめたほどです。

その後、わたしはパリで家族に会う用事もあったので、パリの毛髪専門の皮膚科医、ドクター・バルバラ・ゲジの予約をとりました。そして、ストレスが原因にもなる乾癬《かんせん》（皮《ひ》疹《しん》を伴う慢性の皮膚疾患）だと診断されたのです。

そのとき、自分がストレスを感じているとは思っていませんでしたが、ふだんの生活が体にどんな影響を及ぼしているのかはわかりません。頭皮をきれいにして癒す外用薬と髪を強くする亜鉛が処方されたので、数日間使用したところ、改善が見られました。ドクター・ゲジのおかげで、わたしはふたたび自信を取り戻すことができたのです。

ですから、髪の変化に気づいたら、自己診断せずに、専門家からアドバイスをもらいましょう。新しいシャンプーに替えたための単なる反応かもしれませんし、わたしのようにストレスによる影響かもしれません。

2

髪の専門家のヘアケア

髪には命と動きがなければならないが、完璧である必要はない。

――ダヴィッド・マレ（ヘアドレッサー）

プロが教える、自宅でできるヘアケアのルーティン

クリストフ・ロバンとダヴィッド・マレは、この数十年間、フランスを代表する名高いヘアドレッサーでありつづけてきました。ときに自然《ナチュレル》のまま、そしてつねに流行《アラモード》の最先端のヘアスタイルの代名詞でもあります。

ふたりが勧める「自宅でできるヘアケアのルーティン」には、共通点が数多くあります。

✣髪を頻繁に洗いすぎないように

カラーリングをしているかどうかにかかわらず、じつは、髪を洗うのは1週間に二度までで十分。これはほとんどの女性にとってベストな回数です。

毎日のように髪を洗わなければならない人（たとえばスポーツをしている、つねに料理をしている、たばこをたくさん吸う、環境汚染がひどい地域に住んでいる人）は、ヘアクレンジングクリームか硫酸エステルの含まれていないシャンプーを使うようにして、すすぎをしっかりすることを忘れずに。

「シャンプーの二度洗いはしないように。一度洗いで十分」とクリストフは言っています。

ヘアドレッサー、ダヴィッド・マレの話

「髪の洗いすぎ」は、頭皮のあらゆる問題を引き起こしかねない。熱いお湯を使ってしまうとなおさらだ。洗う回数を減らすと、環境にもやさしいし、時間の節約にもなり、あなたの頭皮にも髪にもいい。まさにいいことずくめ。カラーリングのもちもよくなるよ。

✣よく洗い流そう

ヘアドレッサー、ダヴィッド・マレの話

ヘアケア製品を十分に洗い流さない人がいるけれど、それは大きな間違い。髪がべったりして輝きもなくなってしまう。十分にすすがないと、髪の輝きは得られない。

✣ミネラルウォーターを使おう

ヘアドレッサー、ダヴィッド・マレの話

「硬水」は、髪にとっては試練のひとつ。髪を洗うのは、軟水かミネラルウォーターがオススメ。コンディショナーを流すときにもそのほうがずっといい。髪が美しく輝くようになり、頭皮の調子よさも実感できるようになるので。

もし、住んでいる地域の水が「硬水」なら、ミネラルウォーターを使おう。ミネラルウォーターは目が飛びでるほど高価なものではないからね。最後にエビアンですすぐだけでも、髪のツヤは増す。

✣自家製ヴィネガーリンスをつくろう

ヘアドレッサー、ダヴィッド・マレの話

ぼくは、リンゴ酢を使うのが気に入っている。髪にはベストなもののひとつじゃないかな。香りもいいし。1リットルのボトル入りエビアンを冷蔵庫でよく冷やして、少量のリンゴ酢を入れておく。シャワーのあと、それで髪を洗い流すんだ。

ヘアドレッサー、クリストフ・ロバンの話

サンタ・マリア・ノヴェッラの〈アチェート・ダ・トイレッテ・ヴィオレッタ（すみれ酢）〉とディプティックの〈ヴィネグルトワレ〉がお気に入り。でもリンゴ酢も同じように有効だよ。

シャンプーとコンディショナーのあと、冷たい水を入れたボウルに、ビネガーを数滴垂らして混ぜたものを頭皮や髪にそそぐんだ。そのままにして、洗い流さない。そうすると、頭皮に残っていた化学物質を分解し、髪が油っぽくべたつくのを防いでくれるし、抗菌作用もある。そのうえ、髪にすばらしいツヤをもたらして、ふっくらと軽くしてくれる。昔からのレシピだけど、効果はばっちりさ！

水に酢を溶かしたものを毛根に何度か吹きかければ、頭皮の油分を取ることができる。スプレーボトルに水150ccとリンゴ酢5滴を入れておけば、ドライシャンプー（水や湯を使わないシャンプー）代わりになる。ドライシャンプーとは違って化学物質が残らないし、頭皮の健康にもすばらしい効果がある。

✣よいヘアブラシを買って大切に使おう

ヘアドレッサー、ダヴィッド・マレの話

質の悪いブラシやプラスティック製のブラシを使用して、髪にストレスやダメージを与えている人が多いけれど、ヘアブラシはとても重要なアイテムなんだ。

ぼくにとっての世界一のヘアブラシといえば、メイソンピアソン製の猪毛《ししげ》ブラシ。大切に手入れをすれば長く使える。ぬるま湯の石けん水で優しく洗い、手入れを怠らないように。

ぼくは、すべてのブラシをヘアパックで手入れしている。パックしてしばらく置いてからていねいに洗い流すんだ。よくすすぐことが大切だよ。ブラシの香りもよくなるし、髪にもいい。

2年間、ブラシを洗っていないなんて話も聞くけれど、最低でも月に一度は洗おう。

それから、髪にブラシをあまりかけすぎないこと。かわりに手ぐしなどでさっとすけばいい。指はブラシよりずっとやさしいからね。

✣サプリメントで髪と頭皮の改善を

ヘアドレッサー、ダヴィッド・マレの話

ビール酵母は、発毛を助け、頭皮に潤いを与えてくれる。しかも、肌にも腸にもいい。身体にいい働きをするバクテリア（プロバイオティクス）が豊富なんだ。ビール酵母を定期的に摂取すると、気分もすっきりして風邪もひかないうえに、髪も美しくなる。髪を清潔に保つ助けにもなるし、瞳も健康的に輝くよ。

母ロレーヌの話

髪は昔からわたしのウィークポイントだったから、何年間もさまざまなケアを試してきたわ。すばらしい効果があったのは、ビール酵母のサプリメントね。定期的に摂取すれば、気分も爽快だし、髪もきれいに保てる。それからビオチンも摂ってるわ。フランスのブランドの〈ビオチン〉と〈ベパンテン（水溶性のビタミンB製剤）〉をそれぞれ週に3回ほど頭皮に塗ってマッサージしているの。あと、1日2回は〈ノークリン（女性の薄毛改善のためのサプリメント）〉のカプセルを飲む。デクシル社の〈オーガニックシリシウム〉は、髪の成長を促し、爪を強く、関節の動きもよくしてくれた。

豊かで美しい髪をもつ姉が教えてくれたこと

わたしの姉ラファエルの髪は、とても豊かで、うらやましいほどの美しさです。姉は、手入れをけっして怠りません。いつもどんなケアをしているのかを教えてもらいました。

✣シャワーの前に良質のブラシで髪をよくとかす。そうすると、髪の自然な油分が頭のてっぺんから毛先まで行きわたり、髪を守ってくれる。また、濡れた髪をとかさないでいいように、もつれた髪をこの段階でほぐしておくことも大切（濡れているときには髪が傷みやすいので）。

✣髪質に合ったシャンプーを少量、水と混ぜて、頭皮にだけ使う。髪までこする必要はない。指先（爪は立てない）でやさしく地肌をマッサージする。泡立たなくても気にしない。硫酸エステルを含まないシャンプーの多くは泡立たないけれど、髪も頭皮もしっかり洗浄できる。泡がないことに慣れてしまえばいい。

✣できるだけ時間をかけてシャンプーを洗い流したあと（ダヴィッドとクリストフも勧めているとおり！）、髪の水気をやさしくしぼり、タオルで半乾きの状態に。いちいち乾かすのは面倒だけど、びしょ濡れの髪にコンディショナーを塗るのは、濡れた肌にフェイスクリームを塗るようなものなので避けたい。

✣コンディショナーは、髪の生え際から毛先まで使う。頭皮のマッサージをする必要はない。時間に余裕があれば、成分が浸透するまで3〜5分間待つ。それからブラシでとかして、しっかり時間をかけて洗い流して終わり。

✣全部終えたら、髪をやさしくしぼる。強くしぼらないこと。可能であれば、自然乾燥するのがオススメ（濡れた髪で歩きまわりたくはないだろうけれど！）。タオルをやさしく押しあてて、できるだけ水分を髪から吸い取る。濡れているときの髪はとくに傷みやすいので、タオルで強くこすりすぎないこと。

✣ヘアドライヤーを使うのであれば、風温は中程度より高くしないこと。また、吹き出し口を頭から十分離して使用すること。

✣完全に乾いた髪に豆粒大のマカデミアナッツオイルを塗ると、洗い流さないコンディショナー兼つや出しになる。手のひらにオイルを垂らしたら、両手をこすりあわせてしっかり伸ばし、髪全体に撫でつける。それから、毛先までブラシでとかす。マカデミアナッツオイルは、頭のてっぺんのいうことを聞かない髪の毛を押さえるときにも効果的。ただし、ヘアドライヤーを使う前にオイルをつけるのは厳禁。髪が燃えてしまう。

✣ロングヘアなら、就寝時は髪をまとめたほうがいい。夜じゅう髪が枕にこすれるのを避けるため。ゆるい三つ編みにしたり、頭のてっぺんにゆるいお団子でまとめたりするといい。

✣バカンスで太陽の光をしっかり浴びたとき――とくに海やプールで泳いだあとは、できるだけ早く髪を水で洗い流すこと。塩分や塩素は髪によくない。サーファーの色が抜けた髪もすてきだけれど、あの色は、髪がひどく乾燥している証し。

3 フランス女性にとってのヘアカラー

カラーリングはできるだけ先延ばしにしたほうがいい

時間とともに髪は色を失います。これは、髪の毛包のなかの色素、メラニン（肌の色もこれで決まります）が、加齢とともにつくられなくなるからです。遺伝的な要素もあり、いつ髪が白くなりはじめるのか、どれくらい白髪になるのかをコントロールすることは、だれにもできません。

幸いにも、最近はヘアカラーリングの選択肢がずいぶん増えました。過酸化物質のレベルを低く抑えた、より体にやさしいものや、化学物質が髪に与える影響を抑える成分を配合したものなどもあります。

ただ、それでもカラーリングはできるだけ先延ばしにしたほうがいいというのがわたしからのアドバイス。なぜなら、どんなカラーリング剤を使っても、やはり髪は傷んでしまうからです。これから先、さらに科学技術が進歩して、より体にやさしい成分のものが出てきたとしても、ダメージをゼロにすることはできません。

とはいえ、一度カラーリングをすると決めたら、やってみるしかありませんし、どうせやるなら楽しんで使いたいですよね。そうなったら、メイクアップのレッスンと同じように、腕のいいカラーリストからカラーリング方法についてのベストなアドバイスを受けましょう（住んでいる地域でいいヘアカラーリストを見つけたいときには、あなたがすてきだなと思うヘアカラーをしている人にきいてみるのがいちばんです）。

超人気ヘアカラーリストによるアドアイス

フランス人のヘアカラーに対する姿勢をだれよりも理解している人――それが、スーパースターヘアカラーリストのクリストフ・ロバンです。

「フランス女性は快適さにこだわるので、メンテナンスしやすいヘアカラーを選ぶ傾向がありますね。それに、自然に見えるもの、自分の個性に合ったものを好まれるようです。ブルネット（ダークブラウンや黒に近い髪色）の人は、自分がブロンドに変えたらメンテナンスがどれほど大変か、よくわかっているのです。快適さを優先するのは、服でも爪でも髪でも同じ。マニキュアに1時間かけることもありますが、それだけかけたらせめて1週間はもってほしい、と思っています」

クリストフは、わずか15歳のときに、育った町のヘアサロンで見習いとして働きはじめました。さらに17歳でパリに出て、ジャン・ルイ・ダヴィッドのもとで経験を積みました。そんなある日、ロレアルの撮影で、スーパーモデルのステファニー・シーモアのヘアカラーを担当するというチャンスに恵まれます。すると、それが大当たり。クラウディア・シファーやエル・マクファーソンなど多くのスーパーモデルたちからヘアカラーの依頼が来るようになりました。

彼のサロンは、ヘアカラーだけを専門にして、大成功を収めます。「あのころは、乾燥した髪のケア方法はあったものの、カラーリングした髪のケア方法は皆無でした」とクリストフ。あの象徴的なブロンドヘアのカトリーヌ・ドヌーヴが、彼の常連客であり、友人でもあったのはうなずけます。

ヘアカラーの色の選び方や、ヘアカラー後の髪のお手入れ法など、クリストフのアドバイスが参考になるでしょう。

ヘアカラーリスト、クリストフ・ロバンの話

◎カラーの選び方

なによりも大切なのは、自分の年齢にナーバスにならず、うまく付き合うことだと思うよ。年をとっているのに若く見せようと、プラチナブロンドのヘアカラーを選んだり、メイクをしすぎたりするのは最悪。よけい老けて見えてしまう。

自分の年齢を受け入れて、意地になって若く見られようとしないほうがいい。ヘアカラーをしているのかどうかがわからないのがベスト。白髪を染めるときはとくにそう。

たとえば、白髪を染めはじめたいと考えている50歳のブルネットの女性の場合、ブラス（真鍮色《しんちゅういろ》）やマホガニー（赤褐色）を選ぶと、うまくいかない。だって、染めたことがすぐにわかってしまうからね。もっともむずかしいのは、自然な髪色を維持することだろう。

若い人なら冒険してもOK。30代は、自分に合った髪の色を見つけるべき時期。40代なら、自分の年齢にふさわしい自然な色合いに。覚えておいてほしいのは、濃い髪の色、とくに黒は、顔の欠点をやわらげることができるということ。

60代を過ぎると、明るい色やプラチナブロンドなどの髪色にしたほうがセクシーで

魅力的になれると考える女性が多いが、実はそうじゃない。年をとるにつれて、クマやシミができたり、瞳の輝きが失われたりする。髪の色があまりにも明るいブロンドだと、明暗のコントラストに目が向いてしまう。ちょっとした欠点を、隠すどころか反対に強調してしまうんだ。

女優カトリーヌ・ドヌーヴを見てみてほしい。彼女は70代だけど、暗めのローライトを入れて、落ち着きのあるブロンドにしている。おかげでクールな印象だし、若々しく見えるだろう。暗い色合いをうまく使えば、顔の色味を上げ、表情をやわらかくできる。クマを消したり、シミを目立たなくしたりすることだってできるんだ。

◎メンテナンスについて

メンテナンスも重要だね。ヘアカラーを維持するためには、十分なケアが必要だ。週に一度はトリートメントをして、できるかぎり髪をケアすることをお勧めしたい。そうすれば、カラーも長持ちする。

フランス女性には、「ヘアパック」を勧めている。パックには1時間はかかるが、効果は約1週間持続する。週に一度、保湿効果の高いヘアパックを塗ったまま一晩眠るのが理想的。

そしてシャンプーは、界面活性剤が含まれないデタージェントフリーのものを使おう。カシミアのセーターやシルクのブラウスを、強い合成洗剤で洗いたい人などいないはず。髪もまったく同じ。そんなもので洗うのはおかしな話だ。

若くて白髪がない人も、髪の色がくすみはじめている可能性はある。そういう場合は、明るい金色を入れるといい。自然の素材だけを使った製品、たとえば100パーセント天然成分の金色のヘナパウダー（ヘナの葉や茎を乾燥させて粉末にしたもので、古代エジプト時代から毛染めなどに使われている）を使うといい。粉末をコンディショナーに混ぜて使用し、15分間経過したら、洗い流す。そうすれば、髪の色が数段アップする。

また、髪全体の色を変えなくても、一部だけ違う色にするハイライトも手軽で便利。髪のボリュームがなくぺしゃんこになりがちな人は、顔のまわりにハイライトを入れるといい。

自宅でカラーリングをするときの注意点

自宅で使用するためにヘアカラーを購入すると、使用説明書に、まずは「パッチテスト（皮膚アレルギー試験）」をするように、と書かれているのはご存じでしょう。ヘアカラーの製剤を少量混ぜて、腕の内側に塗り、少なくとも24～48時間待って、なにかしらの反応が出るかどうかを見る、というテストです。

このステップを飛ばしてしまう人が多いけれど、じつはとても大事なのです。ヘアカラーの成分に対するアレルギー反応が出ることはまれですが、もしアレルギーがあった場合、大変なことになってしまうかもしれません。

どうしてわかるのか？ それは、実際に母が、ヘアカラーに含まれる2，5－ジアミノトルエン（ガソリンのなかにも多量に含まれる溶媒です）にアレルギーがあることが、製品を長期間使用したあとになってわかった経験があるからです。

母は同じヘアカラー製品を長いあいだ使っていたのですが、そこに含まれている化学物質が一定量体内に蓄積されてはじめて、アレルギー反応が出はじめました。そしてあるとき、血液検査によって、長年母を悩ませていたひどい倦怠感《けんたいかん》の原因がヘアカラーの成分だとわかったのです。

幸いにも、そのブランドのヘアカラーの使用をやめると、症状はなくなりました。今では、それほど強力ではないものの、しっかりと白髪が染まるオーガニック製品だけを使用しています。

使用説明書をしっかり読んで、かならずパッチテストをすること。異常を感じたら、そのヘアカラーを使用してはいけません。過酸化物質は、髪を傷め、抜け毛の原因になるので注意が必要。以前はなんともなかったヘアカラー（やヘアケア製品）でも、いつもと違う反応が出たり、症状が悪化するようなことがあれば、皮膚科専門医を受診すること。

顔と同じように、頭皮のスキンケアも必要

数年前、あるビューティエキスパートにインタビューをしていたときに、こんな言葉をかけられました。

「顔のスキンケアは、当たり前にしているよね。頭皮だって同じ肌なのに、なぜだれも頭皮のスキンケアについて考えないのかな？　顔や首と同じようにスキンケアが必要なのに」

わたしもドクター・ゲジに乾癬だと診断されてはじめて、この言葉がどれほど正しかったかがわかりました。ヘアカラーリストのクリストフ・ロバンも、こう語ります。

「ヘアカラーをすると、どうしても化学物質が髪や頭皮に残ってしまう。だから、長期間経ってから、化学物質に敏感になったり、アレルギー症状が起きたりするんだ。シャンプーやコンディショナーに含まれるシリコンにも問題がある。髪を十分に洗い流さない人がいるけれど、ほんとうは、洗い残しがないように、髪がきしむくらいまでしっかり洗い流さないといけない。シリコンが髪に残って頭皮に貼りつくと、頭皮が正常に呼吸できなく

なり、抜け毛につながってしまうからね。だから、頭皮のデトックス（解毒）がとても重要なんだよ」

頭皮がオイリーな友人の多くは、クリストフ・ロバンが頭皮のためにつくった「海の塩による解毒クレンジングスクラブ」を愛用しています。オイリーな頭皮の人がヘアカラーをしたあとにぴったりの製品です。

4 カリスマヘアドレッサーによるアドバイス

恋人がいるベッドから出たばかりのようなヘアスタイル

人気ヘアドレッサーのダヴィッド・マレは、サロンを訪れるすべての女性を晴れやかな気持ちにするような、すばらしいヘアスタイルを次々に生みだしています。

「ヘアドレッサーのところにやってくる女性が考えていることは、万国共通。〝きれいになりたい〟だ。

ただし、パリの〝美〟は、ほかのどこのものとも違っている。ぼくにとってのフレンチビューティ、パリジェンヌビューティとは、控えめな美しさ。実際は考えに考え抜かれていたとしても、外からは自然に見える。人工的ではないけれど、実はつくりこまれていて……個性を生かした、とてもバランスのとれた美しさだと思う。フランスの庭園しかり、フランス料理しかり。極端なものに走ることはなく、期待される枠からはみだすこともない。フランス女性の美しさは、究極の美しさだよ」

では、こうした美しさの反対をいくのは？ 「脂っこい髪、ストレートアイロンで無理にまっすぐに伸ばした髪、固められて動きのない髪だね。ぼくが愛するのは、自然で、ツヤがあり、いい香りがして、動きがあり、幸せそうな髪だ。そういう髪は、女性にも男性にも魅力的に見えるものだよ」

冒頭のココ・シャネルの言葉も、艶やかな黒髪のボブスタイルがトレードマークだった彼女らしい名文句。すばらしいヘアカットにはパワーがあることがわかっていたのですね。

母ロレーヌの話

フランス女性の多くは、スタイリッシュなのにさりげなく見えて、つくりこんだ印象のない髪型が好き。自然で、〝完璧でない〟ほうがいい。ただし、いわゆるぼさぼさ頭ではなく、恋人がいるベッドから出たばかりのようなスタイルね。

わたしたちは、自分の持っているものを高めようと努力するの。たとえそれが、扱いづらい髪だったり、あこがれとは違った色の髪だったりしてもね。自分に合わないものは、よくわかっているから。

フランス女性は、髪にボリュームは求めない。求めるのは、やわらかく落ち着いていながら少しセクシーな印象も与えてくれる、動きのあるスタイリッシュなヘアカット。

もう何年も前から、わたしのお気に入りのヘアサロンはカリタ。わたしが20代、30代だったころ、土曜日のカリタのサロンは、カトリーヌ・ドヌーヴからパリ社交界のセレブリティまで、多くの客でごったがえしていて……よく待たされたわ。でも、それだけの価値があることはわかってた。あのカトリーヌ・ドヌーヴから、順番を替わってくれないかと頼まれたこともあるのよ。

急いで出かけるときのわたしの救世主

わたしにも、間違いなくうまくできるヘアスタイルの極意があります。急いで出かけなければならないときにも、ちゃんと手間をかけたおしゃれな髪型に見せることができる技——それは、自分の髪の毛で編んだように見える三つ編みのついたヘアバンドを使うこと。ふつうのヘアバンドのようにただ頭につければいいのです。

また、ヘアゴムは一日中つけているので、髪を傷めないためにも、質のいいものを使うことが大切です。

わたしにとっては、こういうちょっとしたトリックを使うぐらいが理想的。髪色やヘアスタイルを変えるのが好きだったり、ヘアカットをまめにしたりする女性もいますが、髪ではあまり冒険をせず、来る月来る月（来る年とまではいかなくても！）同じように見えることに喜びを感じる人もいるでしょう。わたしは明らかに後者なのです。

無造作に見せたい

ダヴィッド・マレは、フランスでもっとも名前の知られたヘアドレッサーのひとり。ケイト・ウィンスレット、ナオミ・キャンベル、ペネロペ・クルス、シャロン・ストーンをはじめ、多くの女優やモデル、セレブのヘアスタイルを担当しています。この20年間、世界的なフォトグラファーと組んで、ファッション雑誌や広告の世界で数々の伝説的な写真を生みだしてきました。

ダヴィッドのヘアスタジオに足を踏み入れると、だれもがすぐにくつろいだ気分になります。まず目に入るのは、巨大なダチョウのはく製。彼のサロンは、シックなのに居心地がよく、センスのよさが際だっています。しつらえられた鏡も、たくさんの電球がぐるりと囲む「いかにも」なものではなく、マリー・アントワネットの時代のような彫刻がほどこされたもの。このスタジオで、彼は数々の奇跡を起こしてきました。

マイスターはこう語ります。

ヘアドレッサー、ダヴィッド・マレの話

女性に多い間違いといえば……「やりすぎ」だね。カラーリングのしすぎ、カットのしすぎ、スタイリングのしすぎ。

たとえ、実際はかなり手をかけていたとしても、ヘアスタイルはさりげなく見えなければいけない。いわゆるボーテ・ネグリジェ（さりげない美しさ）がカギなんだ。

ぼくのサロンでは、すべてのお客さまを大切にしているが、「簡単にできた」かのように見える仕上がりを目指している。まるで、努力やがんばりなど、ちっともいらないかのような。もちろん、努力はしているよ。でも、ぼくにとって大切なのは、無造作に見えること。実際は、けっして無造作ではないのだけれど……。たとえ努力の結果であっても、それを見せないようにしている。

無造作に見せる技術をヘアドレッサーから教わって、日曜日の朝も金曜の夜と同じに見えるようにするといい。無造作の美学は、毎日の生活に直結しているんだ。

自宅でできるフランス流ヘアスタイル

有名ヘアスタイリストのフレデリック・フェッカイは、シックなヘアサロンの展開とラグジュアリーなヘアケア製品の製造販売で成功を収めました。最近も、エクス＝アン＝プロバンスでつくられた自然派化粧品と日用品のラインナップを発売したばかり。

そんなフレデリックに、自分で簡単にできるフランス流ヘアスタイルのヒントを教わりました。

◎シックなのにカジュアルなヘアスタイルといえば、ポニーテール

✣髪にブラシをかけたあと、髪をすべりやすくしてツヤを与えるヘアスプレーをブラシに噴霧《ふんむ》する。

✣つぎに、ブラシで髪を後ろになでつけ、ポニーテールをつくる。ヘアゴムを一重にしてゆるくとめる。

✣ヘアスプレーをポニーテールの根元から先まで噴霧する。

✣ポニーテールを好みの高さに調節し、今度はきつくとめる。

◎ブローの仕方

✣髪のボリュームを出せるムースかスプレーを髪の根元に少しつける。

✣下を向いて、髪の根元を中心に乾かす。

✣顔をあげて、髪を丸ブラシで整える。ドライヤーで髪を乾かすときに使うブラシのサイズは、髪の長さに合わせる（たとえば、ショートヘアなら小さいブラシ）。

✣狙ったところに温風をあてられるように、ドライヤーにはかならずノズルをつけて使う。

✣頭皮から毛先に向けて、上から下にドライヤーをあてる。そうすれば、熱風をあてすぎることも、キューティクルを傷つけることもない。

◎髪にボリュームを与える

✣髪のボリュームを出せるスプレーかムースを根元につける。

✣下を向いて髪をよく乾かしてから、スタイリングする。

◎ショートヘアのヒント

✣ショートヘアにツヤを与えて整えるには、スタイリングジェルかポマードを使用するとよい。

◎ベストな道具類

✣風量にパワーがあり高品質のヘアドライヤー。ダイソンの新製品〈スーパーソニック〉は優れもの。

✣天然素材のヘアブラシ。

✣ストレートヘアアイロンの愛用者ではないが、使うならセラミックプレートのものがベスト。カールヘアアイロンについても同様。

◎わたしたちのお気に入りのヘアケア用品とスタイリング

ジュネス用：クロラーヌ、ケラスターゼ、ジョンマスターオーガニック、キャプテン・ブランケンシップのシャンプー。

クロラーヌなどのドライシャンプーを試してみて。ただし、使用は「ごくたまに」で。頭皮に薬剤を塗り重ねるほど、地肌の呼吸が困難になるので。

スタイリングで頼りになるのは、フランス製の人工三つ編みヘアピースやエル・エリクソンの〈グラブ&ゴーポニーテール用ヘアゴム〉。やわらかいので、毛髪繊維を傷つけません。

プレニテュード用：ラウア、マカダミアナチュラルオイル〈MNOシャンプー〉、ダヴィッド・マレ、レオノールグレユ、クリストフ・ロバン。ダイソンの新製品〈スーパーソニック〉のヘアドライヤーやCHIのヘアドライヤーもオススメ。

ワンタッチの白髪染めなら、カラーワウの〈ルートカバーアップ〉は天然のミネラルパウダー。カラーリングの予約をミスしても、これを髪の根元につければ急場をしのげます。

マテュリテ用：ルネ フルトレールとフィトのシャンプーとヘアパック。

すべての年代に：わたしたちが気に入っている、25歳でも85歳でも効果が期待できる製品はこちらです。

✣クリストフ・ロバンの〈リジェネレイティングマスク〉〈希少なウチワサボテンシードオイル入り〉

✣レオノールグレユ〈マスクフルールドジャスミン〉（ジャスミン）〉

✣メイソンピアソンのヘアブラシ。永遠に使えるので、価格分の価値は十分にあります。定期的に洗ってお手入れすることで長もちさせることができます。

✣ロレアル〈エルネット〉のヘアスプレー。家族全員、これに代わる製品をまだ見つけられていません。

5 健やかな髪になる

毛髪ドクターからのアドバイス

毛髪専門の皮膚科医のドクター・バルバラ・ゲジは、パリいちばんの専門家。わたしのように、なにか問題が起こったときには、まずは彼女の病院へ行ってみてほしいくらい。ゲジのアドバイスは、こちら。

毛髪専門の皮膚科医、ドクター・バルバラ・ゲジの話

わたしは皮膚科医です。肌、爪、髪の問題を扱っているわ。髪の傷み、抜け毛など、髪の健康問題が起こったら、ヘアスタイリストではなく皮膚科専門医を受診してね。

ブラシやくしをかけるときは、強く引っぱってはダメ。やさしければやさしいほどいいの。

マテュリテは、ブラシのかわりに「自分の指」を使ってとくといいわ。ブラシがけは、「週に一度だけ」にしてね。くしを使う場合は、「目が粗いもの」を使用すると、髪を引っぱらずに済むわ。

抜け毛が多くなりはじめたら、ドライヤーによるブローはしないほうがいいでしょうね。できるだけ「自然乾燥」で。

わたしの病院には、抜け毛を心配してやってくる患者さんが多いわ。そういう患者さんには、年齢に関係なく、まずは「甲状腺の検査」を行う。甲状腺機能亢進《こうしん》状態(甲状腺ホルモンの過剰生成)であれ、甲状腺機能低下状態(甲状腺ホルモンの生成力低下)であれ、甲状腺が正常に機能していないと、抜け毛が起こりやすいから。

この場合は、皮膚科専門医か内分泌専門医による医学的な治療が必要になる。間違っても、エクステンションや、とんでもない値段でいんちきな「魔法のクリーム」を売りつけるような店に行ってはダメよ。

ヘアスタイルが「抜け毛」につながることもある。国や文化によって女性に求められる髪型は異なるけれど、「きつい三つ編み」は髪にとっては有害で、抜け毛の原因になる。前頭部などの毛をきつい三つ編みにしていると、額の生え際が後退してしまうことも。

最近は、「ヘア・エクステンション」も問題を引き起こす要因になっているみたい。つい先日も、診察にきたトップモデルが、ヘア・エクステンションにはまっていると言っていた。

この場合、問題を解決する方法はただひとつ、「髪を短く切る」しかない。エクステンションの使用をやめるまで、わたしにできることはなにもないから。

最後に、「食物とストレス」が重要な要因であることも覚えておいて。

女性はスリムでいたいと思いがちだけれど、「急激に体重を減らすこと」が抜け毛の原因になることもある。度を超したダイエットは厳禁。ビタミンB1、B6、B12、亜鉛、鉄をしっかり摂取することが大切よ。ご存じのとおり、果物や野菜をたくさん摂ると、体の健康にはもちろん、髪にもいいの。柑橘類など、ビタミンCを多く含む食物は、髪の健康を改善してくれる。

過剰な手入れは髪によくない

ブリュノ・ベルナールは、毛髪科学の世界的権威。もう30年以上も毛髪の研究を続けています。ベルナールの「最近はだれもが髪を軽んじて、正しいケアをしていない」という指摘に、わたしは感銘を受けました。

こちらが、ベルナールのアドバイス。

ブリュノ・ベルナールの話

「毛包」は、人間の体のなかでもっとも複雑な臓器のひとつ。ひとつの毛包は、それぞれ5つの区画に分かれていて、そこにはタイプの異なる約15種類の細胞がある。「頭皮」には約15万の毛包があり、それぞれが独自に働いている。つまり、ほかの細胞とは関係なく、「独自の周期」があるんだ。だから、毛包ごとに髪の成長の仕方が異なるし、同じ毛包が変化することさえある。だからこそ、ぼくたちの頭にはつねに髪が生えている。

「抜け毛」を気にしている人の大半は、髪がもろくなっている。とくにインドに多く見られるが、髪を長く伸ばしすぎたり、過剰に手入れをしたりすると、髪の健康が失われやすい。

髪のダメージは、時間の経過とともに少しずつ進む。まずは髪の表面にあるキューティクルからはじまる。つぎに根元、さらには毛先が傷み、たいていは枝毛になる。

ヘアドライヤーでのブローは、たとえ週に一回でも髪に悪い。また、ヘアカラーも頻繁に行うと髪にダメージを与える。男性の抜け毛は「ホルモン」によるところが大きいが、女性の場合はほとんどが、「髪の扱い方」が原因だ。

きちんと栄養を摂ることも大切だ。髪の成長を促してくれる。副腎で少量のみ生成されるアミノ酸、「アルギニン」が足りないときには、アルギニンが豊富に含まれる食物（鶏肉、乳製品、大豆など）を摂取するといい。でも、髪を強くするのにもっとも効果的な食物がなにかは、まだはっきりわかっていない。

最近は、髪のダメージレベルごとにトリートメントが出ているが、髪そのものの「長さ」より、それが「どれだけの時間をかけて伸びたか」を考えるよう、スタイリストにアドバイスしている。

「自然の素材だけでつくられた」という広告に惑わされてはいけない。天然成分なら、合成されたものより危険が少ないとはかぎらない。なにしろ、この世でもっとも強烈な毒物や強力なアレルギー誘発物質は、自然のもの（たとえばヘビの毒やスギ花粉など）だからね！

合成成分でも、天然成分より害が少なく、いいものもある。すべてに共通するルールなんてない。常識を働かせて、自分のニーズをよく知ること。だれかに効果があった製品でも、あなたには合わないかもしれない。

平均すると、髪は1か月に約1センチ伸びる。だから、30センチの髪は、30か月かけて伸びたということになる。それだけの期間があれば、髪にいろいろなことが起こるのも当然なんだ。

Part

5

フランス式
生活習慣

Life et les Bonnes Habitudes

Chapter

9

フランス式　健やかさの4つの柱

フランスでは暮らしは芸術。
だから女性は芸術家である。

——イーディス・ウォートン（小説家）

パリとニューヨークで大きく違う「朝8時」の光景

まさかわたしがアメリカに住むことになろうとは夢にも思いませんでした。きっと、なじみ深いロンドンかバルセロナあたりのどこかの町に落ち着くことになるのだろうと思っていたのです。

ニューヨーカーと出会って婚約し、彼とともに〝ビッグアップル〟に移り住むと、待っていたのはかつてないほどの興奮の連続でした。

11年前、よく晴れたインディアンサマーの日の感動は、今でもよく覚えています。朝の8時、街じゅうの女性たちがジムウェアに身を包み、コーヒーかラテの大きいカップを手に、生き生きと歩いている姿に感動したのです。午前中のパリの通りが、あそこまでエネルギッシュだったことはありませんでしたから！

週末にフィアンセといっしょに散歩をしていると、ニューヨークの友人たちが、流行りのヨガマットを丸めたバッグを肩にかけ、髪を高い位置でポニーテールにして、ヨガに向かうところに出くわします。わたしはクラシックバレエとスイミングを続けていましたが、アメリカで出会った人たちはみな、ジムやトレーニングスタジオでの最新のフィットネスに夢中でした。

フランスで育ったわたしは、アメリカのフィットネス文化になじみがありませんでした。なにしろフランスでは、体育の授業が週に2時間を超えることはなく、体育館のようなスポーツ施設を持っていない学校がほとんどでした。

フランス人にとっての「健康」とは、「健康的な食事」と「よい睡眠」、そして場所を選ばずにできる「ちょっとしたエクササイズ」を通じて手に入れるものなのです。

体を動かすことで気持ちが前向きになる

ニューヨークのエネルギーには強い感染力があるようで、わたしもすぐに、この街のテンポの速いライフスタイルに慣れました。最新のバー・エクササイズ（バレエのバーを使ったダンス感覚の有酸素エクササイズ）や新しいトレンドに挑戦してみた結果、今はカーディオダンス（いわゆるエアロビクス）、ピラティス、ヨガ、スイミングを、できるときにバランスよくしています。

ただし、いまだにスニーカーで通勤したり、フィットネスウェア姿で子どもを学校に送迎したりはできません……。フランス女性には無理なのです！（その恰好で学校の送り迎えをしなければならなくなったら、フランス女性は間違いなくトレンチコートをはおります。トレンチコートは、いつだって残念な服装を隠しておしゃれに見せてくれる、心強い味方なのです）

わたしはいつも、トレーニングウェアはできるだけ小さく折りたたんで、トートバッグの底に見えないようにしまっています。

フランス人——とくに子どもたちは、「アメリカのフィットネス文化」に学ぶべきところはたくさんあります。学校でスポーツやエクササイズをすることの大きなメリットにもっと目を向けるべきです。

体を動かすことで、気持ちが前向きになり、勉強もはかどり、効率もあがることでしょう。その一方で、毎日ジムで走ることだけが、健康的なライフスタイルではないことをわたしたちは知っています。健康には、朝起きてから夜寝るまでの毎日の営みのなかに組みこまれて規則正しく行われるというプロセスが大切なのです。

この章では、フランス人が考える「健やかさの４つの柱」——「賢く食べる」「正しい姿勢と呼吸」「エクササイズと運動」、そして「フランス流《ア・ラ・フランセーズ》の睡眠」を取りあげます。

1

［健やかさの柱 1 ］賢く食べる

あなたが食べたものであなたはつくられる

地元産の新鮮なものを食べる

子どものころ、夏休みは家族とよくブルターニュ（フランスの北西部の大西洋に面した地域）で過ごしました。

ブルターニュはのどかな田舎。たえず潮風が吹きつけ、空気が澄んでいます。いとこたちといっしょに、毎日、網を片手にビーチに走りました。とくに干潮の浜辺には海の生物がたくさんいて、手づかみで山ほどのカニやエビを捕まえることができました。エビは小ぶりなので、頭と殻を取ってしまえば、すぐに食べられます。

祖父母が朝、地元のパン屋《ブーランジュリー》で買ってきてくれた焼き立てのパンに、新鮮なバターと海で獲った塩気のある小エビをどっさりとのせてトーストをつくったものです。自分の獲ってきた美味しいエビがとても自慢でしたが、わたしが食べる前に年上のいとこがキッチンに忍び込んでこっそり食べてしまうことが、いかに多かったことか！

こうした夏の日の思い出は、地元の新鮮な食材を消費する、「地産地消」のすばらしさを教えてくれました。

パリに戻り、学校がはじまると、おやつの時間がいつも待ち遠しかったものです。学校ではおやつとして薄く切った焼き立てのバゲットと何切れかのダークチョコレート（ミルクチョコレートではありません！）が出るので、それを重ねてお手製のパン・オ・ショコラをつくりました。温かいパンの熱でかすかに溶けたチョコレートがうれしくてうれしくて。それで、夕食までの空腹をしのいだものです。

当時は、おいしくておなかを満たしてくれるおやつがただただ楽しみで、ダークチョコレートに抗酸化物質や微量栄養素（たんぱく質、脂肪、炭水化物といった多量栄養素と比べて、微量でも人体の発達や代謝機能を正常に維持することのできる栄養素、ビタミンやミネラルなど）がたっぷり含まれているなんてことは知りもしませんでした。

同じことが砂糖についてもいえます。朝食のバゲットに少量のジャムか蜂蜜をつけるくらいで、日中はめったに甘いものを食べないことが健康を支えてくれていたと知ったのは、何年も経ってからでした。そのおかげでわたしは、ほかのクラスメートが悩まされていた虫歯になりませんでした。

甘いものを四六時中食べていたり、毎日の食生活のなかでお菓子が占める割合が増えたりすると、体がつねに砂糖を求めるようになり、欲望を抑えるのが困難になります。

パリジェンヌは「専門店」で食材を買う

パリでは、食材を買う方法はひとつしかありません。特定の食材のみを扱う商店（鮮魚店は精肉を売りませんし、精肉店は鮮魚を扱いません）が近所にはたくさんあります。チーズや牛乳、バターが欲しいときはフロマージュリーへ。果物や野菜を買うには青果店へ行きます。そうした地元のお店はどこも自分の店で扱っている商品に確固たる自信をもっているので、新鮮で品質のいいものが買えます。

そんなわたしがニューヨークに引っ越し、ユニオンスクエアにあるホールフーズマーケット（自然食品やオーガニック食品を多く扱うスーパー）で、3階建ての広大なフロアにずらりと並んだ食材を見て度肝を抜かれたのも、しかたがないでしょう。どれを買えばいいのかわからないだけでなく、ショーケースや冷凍庫に入れられた食品の列、列、列に、ただただ戸惑い、圧倒されたのです。ヨーロッパ出身の方ならおわかりいただけるでしょう。

わたしの母は、あらかじめパッケージされた食品を購入するなら、食品表示の原材料名が3つ以上記されているものは買わないといいます。これは、わたしがチョコレートを選ぶときの基準でもあります。

また、表示されている内容は、あなたのお祖母さんが昔から知っているようなものでなくてはいけません。発音をするのがむずかしい成分、とくに長い名前の化学物質は、それがどんなものかを調べたことがあるか、あるいは知っている成分でないかぎり、購入しないほうがあなたのためです。

フランス人の普段の食事はシンプル

わたしたちフランス人の食事はシンプルです。

食材が新鮮なら、風味をつける程度以上の調味料は使いません。食事はバランスよく、少量のたんぱく質と、たくさんの野菜、そして全粒の穀類。

食事の最後は甘いものではなく、オリーブオイル、赤ワインビネガー、ディジョン・マスタードでつくったヴィネグレットをかけたサラダなど、ピリッと風味が効いたもので締めくくります。ときどき、気持ちを落ち着かせるカモミールティーを一杯飲むこともあります。就寝前に、小腹が空いてなにかをつまんでしまうということはありません。

こういう食生活を、以前は当たり前のものとしか思っていませんでした。でも実は、たくさんの野菜、果物、全粒穀類、オリーブオイル、そして少量の動物性たんぱく質を中心に摂取するというのは非常に理にかなった食事で、いまでは地中海式ダイエット（心臓疾患や生活習慣病の予防効果があると提唱されている食事法）として世界中から注目を集めています。

このような食生活をしていれば、自然と糖質は低く抑えられますし、食物繊維が豊富で味わい深いため、食事に満足できて健康によい効果が得られます。

実はアメリカでも、1950年代から1960年代にかけて加工食品やファストフードが普及する前までは、こうした食生活をしていました。当時は太りすぎたり運動不足になったりする人などほとんどいませんでしたし、Ⅱ型糖尿病のような肥満に関連した疾患とも無縁だったのです。

ただ、幼いころに教えこまれた栄養についての知識が正しいものばかりだったわけではありません。たとえば、母からは、「サクランボはほとんどが糖分だから体に悪い」「アボカドはほぼ脂質だからよくない」と言い聞かされていました。アボカドに含まれる多価不飽和脂肪酸と、霜降り肉やショートニングに含まれる有害な飽和脂肪酸とはまったく異なることなど、知らなかったのです（今ではアボカドを毎日最低1個は食べています）。

また、わたしたちフランス人は、赤身の肉をたくさん食べます。とはいえ、アメリカの典型的な食事とくらべると一人前の分量ははるかに少ないですし、フランスの牧草で育った、脂肪の少ない牛肉です。

それから、魚やベジタリアン用の食事も健康にはいいでしょう。

フランスには「お子さまメニュー」はない

ひとつ、はっきり言えることがあります。それは、「子どもたちにも大人と同じものを食べさせましょう」ということ。

フランスには、「お子さまメニュー」というものがありません。アメリカの友人宅でのパーティにはじめて招かれたとき、大人のテーブルとは別に用意された子ども用の食卓に、山盛りのチキンナゲット（フランス人の親なら、ぜったいに子どもに食べさせたりしません）が置かれていたことにひどく驚きました。

隣にニンジンのスティックののった小さなお皿が置かれていましたが、別のテーブルにクリスマス用のカラフルなクッキーやお菓子が積まれていたら、だれがニンジンスティックなんて食べるでしょう？　わたしでも食べません！

ニンジンは蒸すか、少量のバターで煮るとおいしくなります。せめて焼くくらいしたいですね。もちろん、チキンナゲットもカップケーキもたまのご馳走なら問題ありませんが……わたしの子どもたちには、適切なチョイスができるようになってもらいたいものです。

イタリアへ旅行する機会の多いわたしがイタリア料理から学んだのは、チーズには料理の主役を務めさせるのではなく調味料として脇役に徹してもらったほうがいい、ということです。これは、チーズが大好きなわたしにとってもつらいことではありますが、イタリア人がパスタにパルメザンチーズを山のようにかけるのを見て、チーズは軽くふりかけて、料理に風味を添えて食欲をそそる程度が理想的なのだと気づきました。

料理の風味が豊かで旨みが強ければ、量が少なくても満足できます。味を感知する舌の味蕾がさまざまな味覚に反応して、十分満足するからです。


こうした食習慣を幼いころに植えつけられたのは、とてもありがたいことです。わたしが学んだのは、基本的だけど「新鮮な食材」を使った料理です。

料理は好きですが、それに午後の時間を全部費やすのはごめんです。料理にかける時間をできるだけ短くしたいので、わたしはパソコンでフランス語のニュース番組を聞きながら料理をします。ふたつのことを同時にできて得した気持ちになりますし、退屈な下ごしらえも苦にはなりません。

フランス人が大切にする食事の考え方

ほかにも、食事に関する、フランス式の大事な考え方がいくつかあります。

◎どうぞ食卓につきましょう

フランス映画にはかならずと言っていいほど、みんなでテーブルを囲むシーンが出てきます。それがあまりにも楽しそうなので、映画を見たあとは、だれもが近所のフレンチカフェに行きたくなることでしょう。

家族での食事《オン・ファミーユ》は、フランスの伝統です。両親は子どものころ、親と食卓を囲んで大きくなりましたし、わたしも同じです。「夕食は家族でとる」という体にしみこんだ習慣を、わたしは今でも続けています。

フランスを訪れたことがある人なら、この考え方はすでにわかっているでしょう。でも、ほかにもいろいろやることがあるときに規則正しい食事時間を確保するのはむずかしいというのも、よくわかります。

それでも、時間の許すかぎり、家族がいっしょにテーブルを囲み、食事をすることは、なにより大切だと思います。わたしたち家族は、早めの時間に食事をとるようにしています。この貴重な時間を使って、子どもたちから今日学校であったことを聞いたり、夫と仕事のことを話したりします。

携帯電話は食卓には持ちこまない約束です。ゆっくりよく噛んで味わって食べることは、消化にもとてもいいのです。

たとえ、食後に取りかからなければならない仕事が気になっていたとしても、こうしたくつろいだ食事の時間が、子どもたちに慌てず食事をすることの大切さ、いっしょに食事をすることの楽しさを教えてくれるのです。子どもや夫も、席についたときから食事が終わるときまで、くつろぎリラックスしているのが手に取るようにわかります。

ひとり暮らしでも、決まった時間に簡単でも新鮮でおいしい料理をつくり、テーブルセッティングをして、ちゃんと座って食べることが大切です。

◎特大ボトルはボディローションだけにして。食品の特大ボトルはNG

とくに目新しい話ではないですが、国によっては、レストランで出される一人前の分量が多すぎるのは確かな事実です。それに慣れた人がフランスのレストランに行くと、料理の量があまりに少なくてがっかりするようです。わたしもよく、アメリカ人の友だちから「フランス人は気取っている」とからかわれます。でも、フランス人はほんとうに少食なのです。

アメリカの特盛サイズの食事に慣れるまでには、かなり苦労しました。できるかぎり食べ物を無駄にしたくないので、今では、注文の時点で量を少なくしてほしいと伝えるようにしています。

また、肉類をあまりたくさん食べられないので、ベジタリアン向けのメニューを選ぶことも多いです。

◎高カロリーの飲み物は、友だちのふりをする悪魔

食習慣を変えることは、だれにとってもむずかしいものです。ただし、なにを飲むか（あるいはなにを飲まないか）なら、少しはコントロールしやすいのではないでしょうか。

焼き立てのクロワッサンではなくクリームチーズをはさんだベーグルを食べるフランス女性を見かけることがないように、ラージサイズのカフェラテやアイスコーヒー、あるいは加糖のアイスティーをコーヒーショップで注文するフランス女性を見かけることはないでしょう。

わたしたちがカフェで注文するのは、小さいカップでサーブされるエスプレッソ。それを立ったままカウンターで飲んだり、オフィスに持って帰ったりするのです。

エスプレッソを飲むというのは、わたしがイタリアで覚えたすばらしい習慣です。わた

しにとってのコーヒーの量は、エスプレッソが適量です。

コーヒーをフィルターやドリップで淹れると、挽いたコーヒー豆に湯を注ぎ入れてその浸透圧で抽出するので、カフェインの量が多くなりすぎてしまいます。エスプレッソはショットグラスのように小さなカップで飲むので、その量は通常30ミリリットル未満。含まれているカフェインの量は、40ミリグラムから75ミリグラムです。

一方、レギュラーコーヒーの240ミリリットルのカップには、80ミリグラムから185ミリグラム、スターバックスのブロンドローストのベンティサイズ（590ミリリットル）には、475ミリグラムものカフェインが含まれています。大規模なプロジェクトでずっと起きていなければならないときにしか必要としない分量です！

また、エスプレッソは1～3キロカロリーですが、甘いラテは100キロカロリーもあります。

飲み物にどれだけのカロリーがあるかということはつい忘れてしまいがちですが、頭の片隅に留めておく必要があります。

フランスの子どもたちは「水」しか飲まない

フランスのほとんどの家庭では、子どもの飲み物といえば「水」です。両親も、ランチやディナーにグラスワインを、食後にエスプレッソを飲むことはありますが、それ以外のときに飲むのはやはり水です。

子どものときには炭酸飲料など絶対に飲ませてもらえませんでしたし、ジュース類ですら、めったに飲みませんでした。ジュースを飲まずに育つと、甘い飲み物への嗜好《しこう》が発達しません。

子どもたちに正しい食物を与える責任は、わたしたち大人にあります。「甘い飲み物」を家庭で与えなければ、子どもたちも家にあるとは思いませんから、欲しがりません。習慣にしてしまうとやめるのはたいへんです。習慣にしなければよいのです。

わたしたちフランス人は、つねに「ミネラルウォーター」のボトルを持ち歩き、すぐに飲めるようにしています。これはもう、フランス人、いいえ、ヨーロッパの人の習性ですね。

ミネラルウォーターも、フランスやその他の国の天然ミネラル温泉を水源とする、さまざまな種類のものが市販されています。含まれるミネラルによって味も異なります。

母が愛飲しているのは、シャテルドンとラ・サルヴェタ。姉はエビアンとボルヴィックが好きです。フランス人の多くが、好みの水の味に親しみながら、自然と味覚を発達させているのだと思います。

ほかによく知られたものでは、トノン、エパー（肝臓によく、子どもの腹痛改善にも使われる）、クリスタリン、ヴィシーセレスタン、サンティオールなどがあります。

そして、わたしたちがダイエット中に絶大な信頼を寄せる同志のようなミネラルウォーターといえば……コントレックスです。

コントレックスはカルシウムとマグネシウムの含有量が高く、独特の風味があります。今でも、子どものころにテレビで聞いたコントレックスのCMソングを口ずさむことができます。

天然の湧き水、鉱水を飲む習慣はいいものだと教えられて育ったとはいえ、やはり水のボトルをつねに携帯したり、どれだけの水を飲んだか気にしながら過ごしたりするのは大変。わたし自身は、水分を多く含んだ野菜や果物をたくさん食べています。野菜や果物はカロリーが低く、たくさんの水分を含んでいるうえに、とてもおいしいですからね。

わたしにとって水分補給にベストな野菜は、きゅうり、ザクロ、アボカド、アプリコット、マンゴー、ブロッコリー、そしてほうれん草です。

「見た目に気を配る」ことが、健康につながる

最近、ディディエ・ラウルというジャーナリストが、フランスの食生活の特殊性についての記事をフランスの週刊誌『ル・ポワン』に寄せていました。

なぜフランス人は、世界のほかの国より肥満になりづらいのでしょう？　フランス（そしてイタリア）の女性たちは、体重管理に余念がありません。ラウルはそれを、歴史的観点から説明しています。

フランスでは、何世紀にもわたってスタイリッシュさやコケティッシュさが称賛され、手本にされてきたからこそ太らないのだ、と。若いころのスタイルをキープするために生涯を通じてダイエットに励んだのは、フランス女性がはじめてだったのです！

「つねに見た目に気を配ること」が健康の増進に役立つという研究結果が出ている、とラウルは言います。

エレガントなスタイルを重んじるフランスの女性たちは、健康的なスタイルを理想としています。いっさいの楽しみ（ダークチョコレートでさえ！）を断ち、厳しい食事制限をして手に入れた、痩せすぎで骨が透けて見えるようなスタイルではありません。なんでも

かんでも手放してしまうのではなく、なにをどれだけ食べたらいいのかをしっかり考えて獲得するスタイルです。

生涯にわたって健康的な食生活を送ることは、とても大切です。若いころからスキンケアをはじめて紫外線から肌を守ったほうが、いつまでも太陽を崇拝しつづけるより、なめらかでシワの少ない顔でいられるのと同じです。

賢く体重を管理し、エレガントなスタイルを維持すれば、見た目の美しさを保てるうえに糖尿病や高血圧のような肥満が引き起こす生活習慣病も防げて一挙両得です。

栄養学者が教える「いい食べ物・よくない食べ物」

ベストな肌は、「内側」から生まれます。つまり、「摂取する栄養しだい」ということです。

肌にいい食べ物について、栄養学者であり、機能性医学の専門家でもあるドクター・ジョルジュ・ムートンからアドバイスをいただきました。

ドクター・ジョルジュ・ムートンの話

大事なのは、カロリーが少なくて栄養価の高いものを食べること。野菜、果実、全粒穀類、魚介類、卵、豆類、無塩のナッツや種子類、無脂肪か低脂肪の乳製品、赤身肉や鶏肉は、すべて栄養豊富だ。

飽和脂肪酸、ナトリウム、砂糖については、できるだけ少ない、またはまったく添加されていないものを選ぶといい。つまり、長期保存用にパッケージされたり加工されたりしていない新鮮な食材がいい、ということだ。栄養面からいえば、有機栽培された自然食品がいちばんだ。

週に一度（それ以上は必要なし）は赤身の肉を食べると、ある程度のメリットが期待できる。赤身肉には、健康に欠かせない、鉄、亜鉛、ビタミンB12が含まれているからね（赤身肉を食べない人は、これら3つの必須微量栄養素が欠乏していないかどうか、検査を受けたほうがいい。もし足りていないようなら、日々の食生活に赤身肉を取り入れることを検討してほしい）。たんぱく質の含有量を考えると、赤身肉ではなく、赤身以外の肉か魚でもいい。

健康な肌のカギとなる栄養素としては、ほかにも、ビタミンE（アーモンド）、ビタミンD（魚）、ビタミンC（柑橘系の果実）、ビタミンB群（緑色葉野菜、卵、トウモロコシ、ナッツ類、鶏肉)、ビタミンA(魚油)、リコピン(トマト)、ルテイン(ニンジン)、コエンザイムQ10(赤身肉、脂の多い魚類)、亜鉛(牡蠣)、そしてセレン(希少なブラジルナッツ)がある。

砂糖についていえば……よい砂糖というものはない。この事実から逃げないことが肝心だ。

「砂糖」と呼ばれるものの半分はグルコース(ブドウ糖)、もう半分はフルクトース(果糖)なのだが、わたしは、このフルクトースに着目している。

フルクトースは、激しく体を動かしたのでなければ、一日28グラム以上は摂取しないこと。ただし、果物に含まれる果糖なら、高果糖のコーンシロップ(トウモロコシのでんぷんを酵素、酸で分解し糖に変えた糖液、日本では清涼飲料などに添加され、果糖ブドウ糖液糖などと表示される)や、ほかの添加砂糖よりは、はるかに体にいい。

製品パッケージにだまされないように。

パッケージに「ノンシュガー(無糖)」と書いてあるフルーツジュースなどは、グルコースは入っていないもののフルクトースは満載。食品表示ラベルに記載された砂糖のグラム数を確認しよう。

「血行をよくする食物」を積極的に食べる

メリニャック整形外科のカロリーヌ・メリニャックから教わった、血管の健康促進と血液循環の改善に役立つ食物のリストを紹介します。いずれも、細胞の成長を促し、内臓機能も改善してくれるそうです。血行が悪いと、顔色にむらができ、まだらになってしまいます。

✣ソフトフルーツ（硬い皮や大きな種のない小さな果実のことで、プルーンやアプリコットなど）やべリー類（カシス、いちご、グースベリー［セイヨウスグリ］）
✣アボカド、卵、ナッツ類、ヘーゼルナッツ、アーモンド
✣野菜（キャベツ、ニンジン、さつまいも、パプリカ／ピーマン、ブロッコリー、かぼちゃ、ほうれん草）
✣たまねぎやニンニクなど、特有の匂いと辛みのある野菜
✣鶏肉、赤身以外の肉、魚介類、少量の赤身肉
✣砂糖の添加されていない食品

✣加工食品や調理済みのパック入り食品は避けること。

✣食品はオーブンやコンロで焼くか蒸すかして調理し、油（できれば植物油）は最後に加える。

✣塩分は控えめに。塩を摂取する場合には、ヨード（ヨウ素）が十分に添加されているものを使うこと。

✣ときどき赤ワインをグラス一杯飲むのもいい。赤（白ではなく）ワインには、レスベラトロール（抗がん性物質）、強力な抗酸化物質がたくさん含まれている。

2

［健やかさの柱 2 ］正しい姿勢と呼吸

背筋をぴんと伸ばしましょう

「よい姿勢」が自信を与えてくれる

わたしがブリジット・バルドーを心から愛していることは、みなさん、とうにご存じだと思います。とりわけ、彼女の2本の映画、『軽蔑』（1963年製作）と『真実』（1960年製作）からは、強い影響を受けました。

『軽蔑』には、イタリアのカプリ島で撮影されたシーンがあります。有名なマラパルテ邸で、地中海の深い青色を背景に、黄土色の石段をバルドーが裸足で歩くというシーンです。

このときバルドーは、ふつうに歩くのではなく、まるでダンサーのように歩いています。言葉では形容しがたいほど優雅に歩くその姿は、まるで猫のようでした。

映画『真実』でもとても華麗な場面があります。バルドー演じるドミニクが、朝起きて音楽をかけ、窓のそばで裸で踊りはじめるのです。弓のように反った足の美しさと身のこなしにうっとり。彼女みたいに体を動かしたいと思いました。

背筋をぴんと伸ばして立ち優雅に動けたら、どんなにすてきだろう、と。

「姿勢」が話題になる機会はあまりありませんが、実は以前よりだいぶ注目されてきています。

というのも、現在のデジタル社会では、よちよち歩きの幼児でさえ小さな指でｉＰａｄをスワイプしていますし、大人のわたしたちは、いつも下ばかりを見ています。こんな状況を喜ぶのは、カイロプラクターと理学療法士ばかり――なんて、冗談にもなりません。携帯を見ながら頭を下げて猫背で歩くと、体には恐ろしく負担がかかります。長時間デスクに座り、前屈みでパソコンをのぞきこむのもよくありません。そんな生活をしていては、頭、首、背中が絶えず痛むのも当然です！

わたしが子どものころ、食卓では背筋を伸ばして席につくのが決まりでした。なにかにつけて、両親から姿勢について注意を受けました。とくに10代までは、背骨が曲がりやすい時期ですからね。顔が髪で隠れるような前屈みの姿勢になるなど、けっして許されなかったのです。「背筋を伸ばしなさい！《ティアン・トワ・ドロワ》」は、わたしの両親の（そして友だちの両親の）口癖みたいなものでした。

絶えず注意されることに嫌気がさした時期もありましたが、おかげで姿勢を正すことの大切がよくわかりましたし、前屈みにならないように自然と気をつけるようになったので、今ではよかったと思っています。

よい姿勢は、呼吸を改善したり、インナーマッスル（体幹）を強くしたりしてくれるばかりか、他人にいい印象を与えられるので、自信にもつながります。それでもやはり、いついかなるときでもよい姿勢を保つことを忘れずにいるのは、わたしにとってもまだまだむずかしいことではあります。

ヘレナ・ルビンスタインの口癖

体の筋肉に「よい姿勢を記憶させる」のは、早ければ早いほどいいのです。

自分の周りの世界に目を向け、強い体と自信をもって、他人に自分を印象づけることは、とても大切です。それができれば、何事にも情熱とエネルギーをもって挑めるようになります。

道を歩くときは、携帯電話ではなく、地平線に焦点を合わせましょう。それが正しい姿勢です。肩を後ろに引き、腹部を引き締め、力強く動く。信号が変わるのを待っている、ですって？　それなら、その貴重な時間を使って、体を再調整しましょう。そうすれば、夜の遅い時間まで姿勢を保つことが楽にできるようになります。カクテルパーティでも、優雅に、しかも楽々と人混みをすり抜け、自信とパワーをまとって立っていられるようになるでしょう。

ヘレナ・ルビンスタインがマントラのように繰り返し言っていたのは、「体がいい状態に保たれていなければ、美しさに価値はない」ということ。

最近の研究で、姿勢が人間の気分を左右すること、前屈みの姿勢が自尊感情や活力に影響を及ぼすことがわかってきています。

姿勢を気にしていれば、あなたが最高の状態で世界と調和していることを他人に示せます。肩を開き、頭を高くもたげ、背筋を伸ばして座りましょう。こうした細かなことが、あなたを変えるのです。こうした挑戦はかならず、つねに最高の状態でいたいというあなたの役に立ってくれることでしょう。

運動は「週に三度1時間」より「毎日20分」がいい

オーストリア生まれのダンサー、リリアン・アーレンは、人々の姿勢改善、柔軟性のアップ、健康長寿をサポートすることをライフワークにしている理学療法士でもあります。

ロンドンのロイヤル・オペラ・ハウスのダンサーだったベアトリス・アラポグルーは、リリアンとは15年間いっしょに練習を積み、舞台を踏んだ仲でしたが、その後リリアンの顧客を引き継ぎました。彼女たちのワークアウトは、バレエとヨガのいい面を融合させたものですが、ダンサーだけでなく、だれでもその恩恵を享受することができます。

ここでは、最近わたしがベアトリスから聞いた、姿勢改善の極意を紹介します。

ダンサー、ベアトリス・アラポグルーの話

もっとも大切なのは、「背骨の柔軟性」と「関節の可動性」をもつことです。これは、筋肉、引き締まった腹筋、あるいはヘーゼルナッツのようなヒップとは無関係。筋肉の動きがすべてだと考えている人が多いようだけど、そうとはかぎらないのよ。筋肉を必要以上に発達させてしまうと、可動性が狭まり、正しく動くことができなくなってしまうの。

もちろん筋肉も重要だけど、必要なのは、「体の奥にある筋肉（深層筋）」。ジョギングやランニングでは表面の筋肉にばかり働きかけることになってしまうし、脊椎骨、股関節、胸骨に負担もかかる。だから、「ウォーキング」のほうがずっといいのよ。

そして、いくつか異なる種類のエクササイズを織り交ぜたほうが、同じエクササイズを毎日するよりいいし、週に1時間の運動を三度するよりも、毎日20分体を動かすほうがいいの。

筋肉を伸ばして調子を整える「ディープストレッチ」もオススメ。ストレッチ自体はむずかしくないので、自宅でも簡単にできるのよ。両腕を天井に届くように伸ばして2分間キープするだけ。これを1日に数回やってみて。

マテュリテの女性、更年期、閉経期を過ぎた女性は、骨粗しょう症など、加齢のせいで起こる不調を避けるためにも、「骨の健康の維持」が大切。トレーナーといっしょに、またはひとりでエクササイズをするのがむずかしいなら、日頃からストレッチしたり、体を動かしたり、階段の上り下りをしたりすることを心がけて。体重が増えて関節に過度な負担をかけないように努力することが大切よ。

高齢ではじめるなら、ヨガはベストな選択。なかでもハタ・ヨガ（瞑想と呼吸法、ポーズを中心としたヨガで、日本をはじめ世界的に普及している）はポーズがむずかしくないのでオススメ。太極拳もいいでしょう。水泳、ウォーキングも、だれでもやりやすいわね。

若いというのは、しなやかな体であるということ。いつまでも若くいたいのであれば、動かなければダメ。

健やかさのカギは、体を動かすこと。これは年齢を重ねた女性にもいえること。動きつづければ、体をたやすく優雅に、そして美しく動かすことができるようになるもの。年配の女性が颯爽と優雅に歩く姿は、美しいだけではなく、若々しく溌剌として見えるのです。

デスクでは「前のめり」にならないように

カイロプラクターのドクター・ハゴップ・アラジャジオンから、血行やエネルギーの流れを妨げない、デスクの正しいセットアップ法について聞きました。

どうか、デスクでは前のめりにならないで！ わたしはヨガブロック（ヨガの補助機器）をオフィスの椅子の背と腰の間に置いています。そうすると、背筋を伸ばした姿勢をキープする助けになってくれます。

カイロプラクター、ドクター・ハゴップ・アラジャジオンの話

座っているときも、立っているときも、頭と肩は後ろに引いて、耳、肩、腰を結ん

だ線が「まっすぐ一直線」になるようにすること。

コンピューターを使うときは、モニターの上部が目の高さか、それより多少低めになるようにして、ざっと腕一本分の距離をとる。

デスクに座るときは、肩を後ろに引き、下背部が丸まらないように。上腕は体と平行になるようにする。

キーボードを打つときは、脇をしめて肘を体に寄せ、腕の角度は90度。どこかに力が入って体が傾くことがないように。キーボードにそっと手をのせる。

腰と膝の角度も、同じように90度になるようにしよう。

必要であれば、姿勢を保つのを助けてくれるような、エルゴノミクス（人間工学）を生かしてデザインされたデスクや椅子、フットレストを使用するのもいい。長時間仕事でデスクに座っているときは、頻繁に立ち上がり、デスクから離れるように。

正しい姿勢を維持するためには、毎日のストレッチと体幹を鍛える簡単なエクササイズを欠かさないことも大切だね。

プロが教える、正しく息を吐く方法

呼吸など、取り立てて話題にするほどのことではないと思われるかもしれませんが、「正しい呼吸」の仕方を覚えれば、気分も自然とよくなります。呼吸に集中するとストレスを抑えることができますし、体が求める形で酸素を取り込めるので、よりいっそう活力もみなぎるはず。

理学療法士でマッサージ師の資格ももつクリストフ・マルシソーは、呼吸法のテクニックに加え、セラピー効果のあるマッサージの提唱者でもあります。「マッサージなんて贅沢」などと思わないで。日常的に行えば、気持ちを落ち着かせて調整し、元気を取り戻すことができるはずです。

呼吸についてのクリストフのアドバイスを紹介します。

理学療法士でマッサージ師、クリストフ・マルシソーの話

すべての年代の女性に伝えたいのは、自分の呼吸を知ろうということ。とくに吐くときにしっかり意識してほしい。

日常生活では、呼吸をしていても無呼吸と変わらない（呼吸性無呼吸）状態にあることが多いんだ。両方の肺はつねに空気が満杯。ヘリウム入りの風船だったら、宙に浮いてもおかしくないくらい。ほとんどの人は肺を空にしようと意識したことなどどな

いだろうが、じつは、息を吐くのはとても大切なこと。息を吸いこむのは、反射神経で行っている。息を吸わないと死んでしまうので、これは無意識にできる。だが、息を正しく吐くのは、しっかり覚えないとできないことなんだ。

腹筋は呼吸筋なので、呼吸を意識すれば腹壁を引き締めることもできる。これから紹介するエクササイズは、呼吸に欠かせないもうひとつの筋肉、横隔膜にも効果がある。横隔膜は、いわば「人体のマッサージ師」。血液循環に大きな影響を及ぼす筋肉だ。腹部周辺の横隔膜をマッサージすると、第2の脳の役割があるともいわれる腸をリラックスさせられる。一度やり方を覚えてしまえば、時と場所を選ばず簡単にエクササイズできるよ。

1. 椅子の縁に座り、安定した状態であることを確認する。
2. 椅子の表面に坐骨が接するのを感じながら、背中をまっすぐに伸ばし、両肩の力を抜く。それから口をしっかり閉じて、背中を伸ばしながら、鼻から息をできるかぎりしっかりと出す。へそが背骨にくっつくところを思い浮かべる。腹部が硬くなるのを感じるまで、息を吐ききる。
3. これを好きな回数だけ行う。

正しい呼吸の効果を最大限にアップするための秘訣は、「毎日しっかり行うこと」、これにつきる。はじめは負担や苦痛に感じるかもしれないけれど、しだいに心地よくなってくる。努力に見合ったメリットはかならずある！

3

［健やかさの柱 3］エクササイズと運動

動くことは生きること

よく動いている人は、若く見える

自分と同じ年頃のアメリカ人の女の子たちが、どんなふうにエクササイズしているのかをはじめて知ったのは、アメリカでのサマーキャンプに参加したときでした。

彼女たちの、なんと活発だったことか。みんな、走りまわり、汗をかき、あらゆるスポーツを楽しんでいました。

わたしはというと、当然すべてのスポーツで後れをとっていました。最悪だったのは、はじめてキャンプに参加した年。自分の泳ぎに自信がなかったので、すべての水上競技をパスしてしまったのです（ほんとうは水泳が大好きだったのに……。あとからひどく後悔しました）。

翌年の夏は同じ過ちを繰り返すことはありませんでしたが、やはりどのスポーツも、アメリカの子たちにはちっともかないませんでした。ラクロス、バスケットボール、野球、バレーボールのようなアメリカのスポーツについては、プレイの仕方そのものがまったくわからなかったのです。

大人になってからも、フランス女性の多くは、伝統的なエクササイズ、たとえばストレッチ、ヨガ、ダンスなどを好み、ジムでの最新のトレーニングのような流行には乗りません。好きなトレーナーやトレーニング方法を見つけると、それにこだわりつづけます。

ベアトリスが教えてくれたように、わたしたちだって、「動くことが生きること」だということは知っています。「いかに上手に、いかに頻繁に動くかによって、若く見えるかどうかが決まる」ということも。

ですから、ニューヨークへ移ってきたとき、セントラルパークでランニングをする人の多さを見ても、それほど驚きはしませんでした。わたしもすぐにそこに加わり、夫や子どもとともにサイクリングを楽しむようになりました。あそこなら、けっしてひとりぼっちになることはありませんからね。

セントラルパークでは、つねになにかが起きています。あの場所に漂うエネルギー、強い意志は、どうやら感染力が強いようです。

今ではわたしもずいぶんニューヨーカーらしくなったと思います。とても活動的になり、どこにでも歩いていくようになりました。それでも、筋肉を鍛えて大きくしたり、女性らしさを失ってしまうような肉体改造が要求されたりするエクササイズは、多くのフランス女性と同様、わたしもお断りです。

ただひたすら歩く、歩く、歩く

わたしは日頃から、カーディオダンス（有酸素ダンス）、ピラティス、ヨガ、30分の水泳を週に一度しています。また週末、天気に恵まれれば、セントラルパークを自転車で回るのも好きです。

パリへ帰ると、ただひたすら歩く、歩く、歩く。もちろん、ベアトリスのバレエのクラスにも参加します。

エクササイズは、それほど集中的なクラスでなくても、気持ちを爽快にしてくれます。ランニングやエクササイズのクラス、あるいはジムでのトレーニングを、もはや中毒のようにしているという人も多いことでしょう。あなたの体は、あなたが体にいいことをしているのを知っているので、もっとするようにと自然に訴えているのです。

今では、フランスの友人たちもみな、毎日しているエクササイズをし忘れるなんてことはありませんし、学校の体育の授業をもっと増やすべきだと言っています。フランスの学校は、依然として、体育の授業は週に数時間だけ。校内に体育館やロッカールームがある学校も少ないのです。

わたしも1年生から12年生まで、どの学年でも体育の授業は週にたった2時間でした。しかも、それには着替えの時間も含まれるうえに、運動場まで歩いていくのに20分、学校まで戻ってくるのに20分。実質運動している時間は、週に45分あるかないかなのです。雨などの悪天候（パリでは日常的）となれば、外に出ることもままならなくなります！

年を重ねるほど「億劫さ」と闘わなければならない

「年を重ねると、体はどんなふうに変わるのか」とわたしはたびたび母や祖母に尋ねます。すると、母や祖母は、「優雅に、穏やかに年を重ねるためには、心も体も準備を整えておくことが大切よ」と答えます。

母のキーワードは、「活力《ヴィタリテ》」。年齢を重ねても、これはつねに持っておきたいものです。

母は、ふだんからピラティスとストレッチを定期的にしています。バカンスに行ったときには、それにアクティビティも加わります。

母は、家族のなかでもとくに、新しいものに目がありません。そんな母が、あるとき、水中体操用の機材を購入したことがありました。しかしその後、アクアサイクリング（当時はまだ、こうしたプールのなかで行うエクササイズが普及していませんでした）に興味が移り、道具はそのままになっていました。

それから何年か経ったあるとき、母が突然、その水中体操用のマスクを誇らしげに持ち出してきました。水中眼鏡とシュノーケルが一体になったもので、それを着けた母はエイリアンのように見えましたが……バカンスでシュノーケリングを楽しむには、すこぶる使い勝手がよく便利な代物だったのです！


母ロレーヌにしても、祖母レジーヌにしても、年をとったからといって、それまで続けてきたよい習慣をすべていきなりやめてしまうようなことはありません。

それどころか、その反対です。60代から70代に入ると、どれほど健康でも、標準体重をキープするのがどんどんむずかしくなります。血液循環も代謝も鈍くなり、元気もなくなります。体を動かすことがますます億劫《おっくう》になっていきます。

それでも、がんばって体を動かすことが重要です。「立ち上がる」「座る」「物を取りにいく」……それを何度も繰り返しましょう。

自己管理の大切さは、1章でも触れたように、わたしの祖母や大伯父のギーが教えてくれました。

祖母レジーヌの話

わたしの母が年をとってからよく口にしていた言葉を最近思い出すの。「わたしくらいの年齢になると、ベッドは女の最悪の敵ね!」。年をとってくると、ベッドから出るのがだんだんつらくなり、どんどん動かなくなる。だけど、それに立ち向かわなくちゃダメ!

だから自分を叱咤《しった》して、長い散歩をしたり、毎日家の外に出て運動をしたりする。いい習慣と心の平静をキープしなければならないの。

大切なのは「自制心」。年をとればとるほど、続けるべき習慣が増えるし、それを毎日行う強い意志を持たなければならないのよ。

こんな祖母を、わたしは心から尊敬しています。曇りでうっとうしい日も、湿気の多いジメジメした日も、外に出て動きまわる。それがどんなに大変なことかはよくわかります。そんな日は、暖かい家の中で、好きな本でも読んで過ごしたいですよね。

でも、祖母は負けません。祖母が万歩計のアプリを使って、毎日歩いた歩数を記録しているのもすごいと思います。5000歩も歩いたと報告してきたときには心底感心したものです。わたしはそんなに歩けません!

血行をよくするエクササイズ

加齢とともに、血行が悪くなります。だから、循環系の機能アップのためにも定期的な運動が重要です。心臓の送り出した血液が体内をしっかり流れるようにすると、頬はバラ色に染まり、全身の健康状態も改善します。

長時間デスクに座っている人は、座っている時間が長くなればなるほど、血液が脚などに留まりやすくなり、静脈瘤やその他疾患の危険性が高まります。とにかく体を動かしましょう! カロリーヌ・メリニャックのオススメは、こちら。

整形外科医、カロリーヌ・メリニャックの話

ウォーキングの場合、毎日少なくとも1・5~3キロを、できれば速足で歩くのが

理想的。水中での運動（蹴ったり、ペダルをこいだりなど）は、水圧が血管に適度に作用し、水の浮力のおかげで関節への負担も少ないので、効果が期待できる。サイクリングも、屋外でも屋内でもいいわね。

ジムに行くなら、ゆるめのエクササイズを。全身の筋肉を維持する助けになる。

ジョギングやランニングをするときは、要注意！　衝撃吸収力の高い軽いシューズを履いて、やわらかい地面を走ること。固いアスファルトは、血管にも、足全体にも、大きな負担をかける。

4

［健やかさの柱 4 ］フランス流《ア・ラ・フランセーズ》の睡眠

一日の終わりに心と体を再生させる

寝室は、できるだけ「暗く」する

子どものころから今日まで、わたしは寝室をできるだけ「暗く」するようにしています。分厚いカーテンや遮光のブラインドを利用して、この習慣をずっと続けてきました。

でも、暗くすることは自分の力でできますが、音のほうはそうはいきません。とくに大きな街に住んでいると、アパートメントの中から聞こえてくる音（冬に暖房が入るときの配管の金属音）や屋外の音（絶え間なく続く往来の音、うとうとしかけたときのサイレン）は自分ではどうにもできません。

パリも静かな街ではありませんが、ニューヨークほど騒がしくはありません。ときどき、パリの夜の静けさが恋しくなります。

子どものころに住んでいたパリのアパートメントでも、夜はそこそこ静かになりました し、ひとたび田舎へ行けば、まったくの静寂に包まれます。

夏の夜（パリではエアコンのある家は少ないです。ほとんど必要ないので）、窓を開け放して眠っていたことが懐かしいです。

時おり聞こえてくるのは、カフェから通りに出てきたご機嫌な人たちの歌声や、ベスパ（イタリア製スクーター）がいきなりパリの夜を走りぬけるはた迷惑なエンジン音くらいのもの。それが終われば、ふたたび安らかな静けさが訪れます。

パリの家では、子どもの寝室に特別な装飾をするということもありませんでした。わたしの両親に、子ども部屋の壁紙をディズニーのキャラクター柄にするような考えはなく、わたしたちの部屋の壁紙は「トワル・ド・ジュイ」（昔のフランスののどかな田舎の風景をモチーフにした柄）でした。わたしはその壁紙が大好きでした。

同じ壁紙をブルターニュの祖父母の家でも見たことがあったので、それを見ると彼らのことを思い出せましたし、なんだか大人になったような気がしたのです。図柄には物語があったので、眠れないときは壁をあちこち見て、細かい部分を新たに発見してはうっとりしたものです。

就寝前に気持ちをしずめるルーティン

就寝前に気持ちをしずめます。やり方は人それぞれだと思いますが、まずわたしのやり方を紹介します。

✣ベッドに入る少なくとも1時間前には電子機器の電源をオフにすること。電子機器の光（とそこに書いてあること）は、刺激が強すぎます。一日の終わりには、脳にも休息が必要です。

✣体をリラックスさせ、気持ちを睡眠に向かわせるには、いい本を読むのがいちばん。

✣わたしのナイトスタンドには、つねにメモ帳と鉛筆が置いてあります。なにか思いついたとき、すぐに「やることリスト」に書き加えられるようにしているのです。メモ帳に書いておきさえすれば、覚えていようと努力する必要がなくなるので、リラックスできます。

✣加湿器をつけたままにします。そうすれば、肌と鼻の乾燥を防げます。

✣寝室は清潔にして、整理整頓。置く物はできるだけ少なくするのが理想的。わたしの寝室は、このあと紹介するドクター・アナ・クリーガーからのアドバイスと、この章の後半で紹介するエレーヌ・ヴェベールから教わった風水のルールにのっとっています。

睡眠専門医が教える「よい眠り」のためのヒント

医学士、公衆衛生学修士、呼吸器専門医、睡眠専門医であるドクター・アナ・クリーガーは、ニューヨーク・プレスビテリアン／ワイル・コーネル・メディカルセンターの睡眠医療研究所の医院長。医学、神経学、遺伝医学部の臨床医学の准教授でもあります。

睡眠障害を扱うドクター・クリーガーは、全体的なアプローチと、個人に合わせた治療計画を並行して行う必要があると語ります。

睡眠専門医、ドクター・アナ・クリーガーの話

◎睡眠の基本

最新の研究によると、65歳までの成人とそれ以上の人で、体が必要とする睡眠時間にさほど大きな差はないという。国立睡眠財団は最近、科学的根拠をもとに、「推奨

される睡眠時間」について発表したが、それも、「必要な睡眠時間は個人によって異なるため、一概には言えない」という事実を浮き彫りにするものだった。

この検証によると、65歳以下の成人の推奨睡眠時間は、1日あたり6時間から10時間。66歳以上の推奨睡眠時間は、1日あたり5時間から9時間とされている。

また、同じ人でも、必要な睡眠時間が変化することがあるというのも重要なポイントだ。必要な睡眠時間は、運動量、健康状態、疾病や精神状態によって変わるのである。

女性にみられるもっとも一般的な睡眠障害は、「不眠症」だ。成人女性にはかなり頻繁にみられ、男性よりもずっと多い。女性の場合、心配ごとについて考え出すと止まらなくなり、眠れなくなることが多い。ほかにも、睡眠中に断続的に脚が動いてしまう「むずむず脚症候群（レストレスレッグスシンドローム）」（とくに妊婦に多い）や「睡眠時無呼吸症」などが原因の場合もある。

睡眠時無呼吸症は、男性に多くみられるが、閉経後に不眠症になった女性にもみられることがある。そのため、閉経後にいびきをかきはじめた女性には、医師と相談することと、必要なら検査を受けるよう勧めている。

更年期や閉経が近づくと、ホルモンの変化の影響をとくに強く受ける人もいる。また、体温を調節する体の機能に大きな変化が出ることもある。いずれの要因も、睡眠障害を招く可能性がある。

睡眠の問題を解決するカギは、まず自覚すること。女性の場合、やることがあまりにも多すぎて、睡眠時間を削る傾向がある。子どもたちが寝静まってから夜に仕事を片付けようとしたり、何日も先、あるいは何週間も先のことを計画したり、あれこれ心配したりするのに時間を費やしてしまったり。それをしかたのないことだと思っている人も多いだろう。

しかし、日課を細かく分析すると、睡眠パターンを改善するチャンスを見つけ、夜の睡眠の質を損なう行為を控えることができる。たとえば、あれこれ悩む時間を、夜から昼の時間帯に回すこともできるだろう。

よく眠れれば、仕事もはかどる。日中のパフォーマンスが向上すれば、就寝時に頭を満たして眠る妨げになっていた問題に取り組む時間もできるはずだ。

◎年齢に関係なく、睡眠を改善するゴールデンルール

✣遅い時間の食事やスパイシーな料理は避ける。
✣就寝直前のエクササイズは避ける。
✣夜のアルコール摂取は最小限にする。飲酒は睡眠を断片的にしたり、睡眠時無呼吸症を招いたりする。

✣ベッドに入る前、部屋を暗くして、少なくとも数分間は一日の緊張をほぐす時間をつくる。

✣寝室の温度は22℃以下に保つ。

✣毎日決まった時間に就寝する。

✣毎朝同じ時間に起床する。

✣昼間は活動的に過ごし、昼寝は避ける。

◎子どもやティーンエイジャーのための特別なルール

✣例を示して、家庭での睡眠のスケジュールを立てる。

✣きちんとした睡眠がいかに大切かを、子どもと本音で話し合う。

✣子どもとの「おやすみなさい」に時間はかけない。「時間は短く、愛情は深く」をモットーに。

✣ベッドでの電子機器の使用を許してはいけない。少なくとも就寝1時間前にはやめるのがベスト。

✣夜遅くまで宿題や読書でパソコンや電子機器を使用する場合は、ブルーライトを遮断する眼鏡をかけるか、画面にブルーライトフィルターを貼る。

✣子どもたちが快適に眠れるようにベッドを整える。がらくたや電子機器は片づける。

◎眠れない夜が続いたあとの健康的なルーティンへの戻し方

仕事、ストレス、病気などの問題で、眠れない、すぐに目が覚めてしまうといった夜はだれにでもあります。そんなときは……

✣くよくよ考えるのをやめる。眠れない、眠れないと焦ると、よけい眠れなくなる。
✣現実的な睡眠計画を立てる。
✣うたた寝や昼寝は避ける。
✣エクササイズをして、日中は活動的に過ごす。

「寝室」は睡眠かメイク・ラブだけの場所

エレーヌ・ヴェベールは、《マスタリー・アカデミー・オブ・チャイニーズ・メタフィジックス》で本場の風水を学び、２００５年に風水マイスターになりました（マイスターになるには、医学部のように、最低でも何年間か学ぶ必要があります！）。ロンドン、パリ、ジュネーブにたくさんの顧客をもち、「住まいの医者」として頼りにされています。

あなたの寝室を安らぎの空間にするための極意を伝授しましょう。

風水マイスター、エレーヌ・ヴェベールの話

◎必要な時間をかけて、寝室を正しく整える

寝室を整えるのは、なかなか大変。でも、1日の3分の1の時間を過ごす場所なので、それだけの価値はあるはず。昼間と同じくらい夜も美しいものにするために、寝室にも特別な配慮をしましょう。風水は、インテリアとは別。インテリアは美しくないのに、風水的にはすばらしい部屋、というのもあるのよ。

◎「陰」と「陽」を理解する

陽（上昇エネルギー：光の源、太陽、天、男性、熱、山、命、夏）と陰（下降エネルギー：影、月、地、女性、寒、海、死、冬）は、たえず真逆の関係にある。

◎寝室にベストな場所を見つける

✣寝室はできるだけ家の出入り口から離れた部屋にするのが理想的。つまり、家の奥へ行けば行くほど、外装や玄関通路のエネルギー（陽）が穏やかな、「陰」の空間

になる。

✣落ち着いた雰囲気が必要な寝室は、「陰」の空間でなければならない。家が何階建てかの場合、上方の階の部屋を選ぶこと。

✣騒々しい通りに面した部屋は避けて。「陽」のエネルギーにわずらわされてしまう。

✣部屋に大きな窓があるなら、夜間はよろい戸か分厚いカーテンを閉めること。とくに夏には、「陽」のエネルギーがみなぎる太陽光から部屋を守らなくてはいけない。

◎ベッドを置く向き

✣出入り口に足を向けて寝てはいけない。これは中国では、棺の置き方なので、エネルギーの強い停滞を引き起こしてしまう。ベッドの向きを変えられないときは、ベッドの足元に衝立などを置き、エネルギーの流れを遮断する。

✣枕のすぐ向こうに窓がある状態で寝てはだめ。安心感が得られず、睡眠の妨げになる。

✣風水では、「黒い亀（玄武）が背中を守る」とされる。つまり、頭の後ろに頑丈な壁をもってくると、よく眠れるということ。ベッドの後ろに頑丈な壁を配置すると、安心感を得られるはず。

昔から、「洞窟の入り口に背を向けて寝る者が真っ先に犠牲になる」と言われるけれど、先史の時代から続く恐怖心は、今もわたしたちに残っている。だから、ぐっすり眠るためには、守られていると感じる必要があるの。ベッドのヘッドボードも、安心感を高めるためのもの。

✣エネルギーをうまく循環させるためには、部屋のほかの家具とくらべて、ベッドの高さが低くなりすぎないようにする。布団で寝ている場合、布団の下に土台を置くといい。

✣パステルカラー（サーモンピンク、淡いピンク、アイボリー、水色、青色、淡黄色）はどんなものでもオススメ。

◎寝室には控えるべきこと

✣寝室に「鏡」は置かないこと。鏡だけでなく、ベッドが映りこむもの（テレビやパソコンのモニター、ラッカー塗装や鏡面仕上げの家具）は、環境を「陽」にするので、睡眠を阻害する。ただし、窓に分厚いカーテンをかけて、寝室を完全に遮光して眠るなら、光沢のある家具や鏡を置いても問題ない。

✣赤や鮮やかな色のものには「陽」のエネルギーがあるので、寝室には置かないこと。

✣枕元に光沢のある棚や家具を置かないこと。頭痛や不眠症を引き起こす原因になる。

◎寝室をオフィス、ホームジム、ランドリールームにしてはいけない

✣寝室は、睡眠、またはメイク・ラブのためだけの場所。

✣風水の原則にのっとって、「運動器具」は寝室に置かないこと。置くならバスルームがいい。

✣寝室を「オフィス」として使わないこと。オフィスは、あなたやあなたの大切な人が働く場所。ベッドで仕事をするのを習慣にしてはダメ。寝室に書類を持ち込むのは、特別なときだけにすること。ほんとうの仕事部屋は、家の別の場所につくること。

自分を「スリープモード」にする儀式をもつ

あなたの寝室が大きくても小さくても、寝室は、「一日の終わりに心と体を再生するための場所」であることを忘れないでください。ニューヨークのような騒然とした大都会に住んでいるわたしですが、今の寝室の環境に、ずいぶん助けられています。

今は就寝前の1時間は携帯電話やパソコンといった電子機器には触らない、夜は部屋を暗くする、寝室は整理整頓、関係のない装飾品は気が散る（そして埃がたまる！）ので極

力置かないようにする、といったルールを守っているのです。

また、「自分をスリープモードにする儀式」もあります。それは、ゆっくりと長めに行うストレッチと、いい香りのクリームを体に塗ること。クリームの瓶は忘れないようにベッドサイドに置いておきます。それから、脳の緊張を解きほぐす、良質な本も。

じっくり時間をかけて、あなたも、夜のための儀式をつくってみてください。そうすれば、自然と全身が睡眠へといざなわれることでしょう。

Chapter

10

ようこそ、香水の世界へ

昔からあるものがなにもかもなくなったときも、
人が死んだあとも、物が破壊されたあとも、
匂いと味だけは、薄れはしても、時空を超え、形を超え、
永遠に、誠実に、長い時間そのままであり続ける。まるで魂のように。
すべての残骸の廃墟のうえで、記憶にとどまり、待ち、願い、
くじけることなく耐えつづける。
ほとんど感じることもできないほどの微々たる滴なのに、
偉大なる記憶の殿堂が建ちあがる。

――マルセル・プルースト『失われた時を求めて　第一篇　スワン家のほうへ』

香水はあなたを美しく装ってくれる

香水ほどフランスらしいものはありません。

香水は、女性であるあなた自身を世界に伝えようとするときの切り札になります。気分を高めたり、熱くしたり、すっきりさせたりしてくれます。

ふっと香ってきたかすかな匂いが、またたく間にあなたを過去へと連れ去り、完全に忘れていた記憶をよみがえらせることもあるでしょう。フランスの小説家、マルセル・プルーストの言うように、香水は「過去を保存する最良の貯蔵庫。香水のせいで、涙が涸れるほど泣いたあとでもさらに泣かされてしまう」のです。

フランスの女性は、母の言葉を借りると「時を超越した香水のパワーと魅力」は女性にとってなくてはならないものだ、と教えられて育ちます。

よい香水は、完璧なブラックドレスやアクセサリーと同じで、あなたを特別に美しく装ってくれるものだと母は言います。

1

香水は思い出をドラマチックにしてくれる

強い力で人を惹きつける、目には見えない存在

母ロレーヌの話

香水は目には見えないけれど、美しいドレスや魅力的な姿態よりも強い力で、人を惹きつけるの。

通りすがりの人を振り向かせる。香水にはだれもあらがえない。香水の矢で心臓を射抜かれてしまうのを防げる鎧もない。思い出と同じで、香水は人の魂の奥底にまで入りこめてしまうの……。

自分の心を満たすため、または人を惹きつけるためにまとう雰囲気。それが香水。

その人を象徴するものにもなり、出会った人の心に強い印象を刻み込む。香水には、他のなによりも、人の心の奥深くの感じやすい部分、秘密の部分の扉を開く力があるのよ。

香水は、目には見えないけれど、魅力的な強い力を持っている。きっと祖母も、そう思っているに違いありません。だって、姉とわたしが香水をつけはじめるようになってから毎年（今でも）クリスマスには、新しい香水をプレゼントしてくれるのです。昔は変わった贈り物だと思うことはありませんでしたが、今になって考えると、すごくユニークですよね。

香水は高価ですから、ティーンエイジャーのころはもちろん、働きだしてからも、若いうちは香水を買うとなると、生活費への大きな打撃です！　香りは優雅さと女性らしさになくてはならないものだと考え、孫娘たちにもつねにふわりと漂う香りをまとっていてほしいと願い、香水を贈ってくれる祖母には心から感謝しています。

10代のころにつけていたフレグランスの名前も、いまだに覚えています。なににも代えがたく、やさしさに満ちあふれ、郷愁《ノスタルジー》を呼び起こす……大切な思い出の香りです。

香水の名前を思い浮かべると、それを使っていたころのことが次から次へと思い出されます。

たとえば、母が家に持って帰ってきたジバンシィの〈フルール・ダンテルディ〉。若い娘たちのための香水でしたが、官能的な妖艶さもありました。

今でも香りをかぐたびに、早く大人になりたいと願っていたころの自分を思い出します。目を閉じると、まだ15歳。勉強、友情、ボーイフレンド、感情が高ぶるような出来事の数々、そしてもちろん香水――なにもかもに圧倒されて、いつか大人になってすべてが過去になる日が来るなんて想像もできなかったあのころに戻ったかのような気がします。

人生は「思い出の香り」とともにある

わたしの1990年代半ばの思い出は、さまざまな香水と結びついています。

グレの〈カボティーヌ〉は、楕円形のボトルと愛らしい緑色の花をかたどった蓋が独特で、ジンジャーリリーの香りは、軽くてつけやすいので長続きしました。

ベネトンの〈トリブ〉は、地中海から吹くそよ風のよう。キャシャレルの〈アナイス・アナイス〉は、トップノートがオレンジブラッサムとヒヤシンスで、当時、フローラル系ではもっとも人気の高かったパフュームのひとつ。

ジャン＝ポール・ゴルチエの香水も話題になりました。デザイナーの名を冠したその香水のボトルは、コルセットを身に着けた女性の胴体部分をモチーフにしていました。ボトルデザインの大胆さとセクシーさに、年頃のわたしたちは照れて、クスクスと笑い合ったものです。

エリザベスアーデンの〈サンフラワー〉やジョルジオ アルマーニ〈アクア・ディ・ジオ〉のような夏用のフレグランスは、柑橘系のバランスのいい香りがすてきでした。

クラスメートのなかには、学校の廊下を慌ただしく通っただけでもすぐにわかるぐらい特徴的な香り、たとえば、ティエリー・ミュグレーの〈エンジェル〉（悪名高いチョコレートのトップノート）、イッセイ ミヤケの〈ロー・ドゥ・イッセイ〉（海辺を思い起こさせられる新鮮なオゾンのノート）、ブルガリの〈オーパフメオーテヴェール〉（茶葉のような愛らしいフレッシュグリーン）をつけている人もいました。

それからもちろん、高校や大学で人気のあった男の子たちがつけていた香りもまた、思い出を呼び起こします。

すべてを細かく覚えているわけではありませんが、いまでも鮮やかによみがえるのは、カルティエの〈デクラレーション〉の生気あふれるウッディとフローラルムスクの香りと、パコ ラバンヌの〈XS（エクセス）〉のフレッシュでスパイシーな香りです。

大学卒業後、美容系の企業で働きはじめたということもあり、わたしの嗅覚はますます磨かれていきました。同僚たちはみな、フレグランスには人一倍思い入れがあり、旅行先で発見した新しい香りのことを愛おしそうに話す人もいました。

キャロリーナ・ヘレラで働いていたとき、わたしがつけていたのは彼女がはじめてつくった香水〈キャロリーナ・ヘレラ〉。ジャスミンと月下香のエレガントなノートが大好きでした。

わたしがディオール オムのフレグランスに惹かれた理由

パリのクリスチャン・ディオールのオフィスで働いていたとき、香水のことでミスをおかしてしまったことがあります。

当時わたしは、元気になれるシャネルの〈チャンス〉を毎朝仕事の前にさっとつけることにしていました。ある朝、エレベーターでディオールのフレグランス部門を統括するマーケティング部長と乗り合わせました。

彼は、わたしの隣で息を深く吸うと、こう尋ねました。「シャネルをつけてるの？　シャネルだよね？」

わたしは穴があったら入りたいくらいでした。ライバル会社の香水をつけているなんて。心底自分が恥ずかしくなりました。赤面して謝り、なにも考えずに慌てて出勤したためだと言い訳までしました。こんな失態はもう二度としないと誓ったのです。

そうして、わたしはメンズ用フレグランスの〈ディオール オム〉に切り替えました。そのフローラルパウダリーの香りが信じられないほど蠱惑的《こわくてき》で、わたしには驚くほど合ったのです。

なぜ、自分が男性用のディオール オムのフレグランスにそれほど惹かれたのか。おそらく、自分の女性らしさをゆとりをもって受け入れられる年齢にはなっていたものの、母が使っている香水はまだつけたくなかったからでしょう。

〈ディオール オム〉をつけるといつでも自信とセクシーさを感じられましたし、ほかとは違った香りが、わたしを上手に、そしてもっともフレンチ流に引き立ててくれることもわかっていました。

最近は以前より花の香りに魅力を感じるようになっているので、エアリンの〈テュベローズ・レ・ジュール〉をつけています。

祖母レジーヌの話

フランス版『ヴォーグ』で働いていたときは、香水で、オフィスの女性たちを見分けることができたわ。当時の香水には、ムスクがふんだんに使われているものが多かったわね。ムスクの香料はとても高価だけれど、香りがすごく長持ちするのよ。朝、オフィスへの階段を上ったり、エレベーターに乗ったりすると、だれが到着しているのかがわかったわ。

フランスの名家出身で、生まれながらの優雅さとたぐいまれな教養の持ち主だった編集長のエドモン・シャルル＝ルーがつけていたのは、シャネル。おおらかさとプロフェッショナルな厳しさを兼ね備えていたファッションエディターのフランソワーズ・ドゥ・ラングラードは、ゲランの〈ルール・ブルー〉を。

そして、アメリカ版『ヴォーグ』から派遣された駐在記者で、すらりと背が高く、ずばぬけておしゃれだったスーザン・トレインは、いつもバレンシアガの〈ル ディス〉をつけていた。

母ロレーヌの話

香水をつけなければ、装いが完成したとは思えないの。年に一度か二度、香水をつけわすれていると気づくことがあるけれど、そういうときは落ち着かなくてしかたなくなるの。

バッグにはつねにフレグランスの小瓶を入れてるわ。あまり匂いの好きでない場所に行くときはそれをつけると、すぐに気分がよくなるから。

車にも香水を使っている。パリではニューヨークより車に乗る機会が多いから、車のなかも家のリビングルームの延長のようなものなの。

パリのアパートメントの、直射日光があたらず温度変化のないクローゼットは、わたしの特別な場所（娘もここが大好き）。そこに、お気に入りだったのにもう生産されていないフレグランスの残りを保管しているの。ときどきそこへ行って香りを吸い込むのが、すごく楽しくて。

念願かなって手に入れたバルマンの〈ヴァンヴェール〉も、まだ持ってる。グリーントニックのような爽やかさとすがすがしさがあって、気持ちを奮い立たせ、自信をもって世界に臨めるよう背中を押してくれるような香りだわ。〈ヴァレンティノ・ドゥ・ヴァレンティノ〉やリュバンの〈ジン・フィズ〉、ゲランの四代目調香師のジャン＝ポール・ゲランから直々にもらったゲルリナーデ（ゲランが代々受け継いできた独自の調法で、ベルガモット、ローズ、ジャスミン、アイリス、トンカビーン、バニラの六種の香りを大切に調合したもの）も、いくつかある。

数年前、ランバンのマリル・ランバンにインタビューしたときには、まず彼女のアパートメントのすばらしい香りに驚き、うっとりした。パフュームバーナーで、すてきな香りを部屋中に満たしていたの。

フランスの女性はみんな、部屋の香りは、きれいに飾られたディナーテーブルやおいしい料理と同じくらい、おもてなしに欠かせないと思ってるのよ。香りはすべて暮らしの芸術《アール・ド・ヴィーヴル》の一部なの。

わたしが働きはじめた1970年代、香水といえばフランス製。フランスのクラシックな香水は、身につける女性の肌とまるで音楽のように共鳴しあって絶妙なハーモニーを生みだした。

アメリカの香水も、大きな成功を収めるようになったわね。レブロンの〈チャーリー〉は、モノリシックなノートなので、人の肌によって香りが変わることがないのよ。

1970年代の終わりには、ビバリーヒルズの〈ジョルジオ〉が大ヒット。あの強烈な香りは、混雑したレストランのなかでも判別できるほどだったわね。

あれ以降、アメリカの製品もぞくぞくと出はじめて、ヨーロッパの香水市場に大きな影響力を及ぼすようになった。フランスの企業も、もう香水市場の独占はできないという事実を受け入れるときがきたの。

そんな流れのなかで発売されたのが、アメリカ製品と同じくらい強烈で独特なディオールの〈プワゾン〉や、大胆な香りのイヴ・サンローラン〈オピウム〉。

当時も今も、こういう香水にあこがれ、崇拝する女性も多いけど、わたしは、ヴァレンティノ、ヴァンヴェール、そして最愛のゲランのパフュームにこだわりつづけている。そんな自分を少し誇りに思っているのよ。

2 香水を上手に身にまとう方法

フランス人にとって、香水はアクセサリー

香水は、自分自身をかぐわしく装うだけではありません。フランス人にとって香水は、ほかの悪臭を寄せつけないようにするための大切なアクセサリーとして使われはじめたのです。

歴史的に、パリはほかのヨーロッパの大都市と同じく、臭気――汚水、馬糞、無数の煙突からの煤煙《ばいえん》、そしてもちろん洗っていない大勢の人の体の臭い――で悪名高い街でした。そんななか、フランスの王族だけは習慣的にフレグランスを使用することができ、自分たちの体のみならず、服や装飾品（カツラにまで！）、はたまた家具や壁にまで香水を使ったので、香水の一大産業が生まれたのです。

現代ではありがたいことに香水をふつうに買えるようになりました。祖母はディオールの〈ミス・ディオール〉を、母はヴァレンティノを愛用しています。ヴァレンティノは、メロンのトップノートが特徴的。姉が愛用するのは、16歳のときからずっとギ・ラロッシュの〈フィジー〉。

兄もすてきなフレグランスをつけています。兄がニューヨークのわたしのアパートメントに数日間滞在すると、帰ってしまったあとも兄の香りがしばらく残っています。残り香をかぐと、兄がまだそこにいるような気がして、懐かしく幸せな気持ちと寂しくて悲しい気持ちが入り混じります。

香水の香り立ちは、三段階に分けられます。

✣トップノート：使用直後の香り。すぐに散って消えます。トップノートは、揮発性が高く、とてもはかないものなのです。これは香水のほんとうの香りではないので、さっとひと吹きしただけの匂いを頼りに香水を購入してはいけません。

✣ミドルノート：何分間か続くもので、ここでようやくあなたの鼻が香水の心臓部に達することになります。これが香水の骨格となる主成分です。

✣ベースノート：香水の一番強い部分であり、もっとも長く続きます。フローラル系の香りが好きなら、グリーンやウッディではなく、フローラルの香りが土台となっている香水を選ぶと、アコードが持続します。

自分にぴったりの香りを見つける方法

では、何千種類もある香水のなかから、どうやって自分にぴったりの香水を見つければいいのでしょう？

まずは、「自分はどんな香りが好きなのか」を見極めて、「そのカテゴリーやファミリーのなかから選ぶ」といいでしょう。次項の調香師ジャック・ポルジュのアドバイスも参考にして。

✣フローラル：一種類の花、または数種類の花の香りをブレンドしたものが基本。おおむねやさしい香り。圧倒的に人気の高いカテゴリーで、女性らしいフレグランスの中核を成すのが、フローラルです。

✣ヘスペリディア：フレッシュで軽いノート。それほど甘くありません。

✣オリエンタル／アンバー（琥珀《こはく》）：森林や土などの自然な香りをイメージさせる、アーシーで、ムスク（麝香《じゃこう》）のような香り。ぬくもりとセクシーさが混ざり合っています。

✣フルーティ：果実の香りで構成され、ほがらかなイメージ。
✣シプレ：フルーティ、またはフローラルのアコード。
✣シトラス：清涼感のあるオレンジ、ライム、レモンの香り。
✣ウッディ：ドライでエレガントな男性らしいアコード。
✣アロマティック：シトラスとスパイシーのアコードで、力強く男らしいノート。

もちろん、ひとつのファミリーにこだわる必要はありません。香水はいつだって、あなたの気分を高めるものであるべき。香水を選ぶということは、あなたに快感をもたらす、楽しくて官能的な体験でなければなりません。

パリの人気調香師による、香水選びのアドバイス

あなたが香水を選ぶ助けとなるように、シャネルの敬愛される「鼻」であり、ヒット作〈ココ・マドモアゼル〉、〈チャンス〉、〈アリュール〉の生みの親、ジャック・ポルジュに話を聞きました。

ジャックの引退後は、彼の息子オリヴィエ・ポルジュが跡を継ぎ、新しいシャネルのハ

ウス専属調香師になりました。オリヴィエの鼻は、シャネルの新作〈ガブリエル〉を生みだしました（記憶に留めるべき一大事です！）。

調香師、ジャック・ポルジュの話

香水のつくり方を学ぶときは、できるだけ多くの香りを記憶するために、カテゴリーリストを使用するんだ。

たとえば、フローラル（〈シャネルNo5〉）、ウッディ（一般的には〈ブルー・ドゥ・シャネル〉のような男性的なフレグランス）、シプレ（オリジナルはコティの〈ル・シプレ〉、それを模したもので有名なのはゲランの〈ミツコ〉）、グリーン（フローラルファミリーの一部だったが、バルマンの〈ヴァンヴェール〉が人気になり、グリーンだけのサブカテゴリーができた）、オリエンタル（コティの〈エメロード〉やゲランの有名な〈シャリマー〉）など。また、それぞれのノートの持続性についても学ぶんだよ。

香水選びをどこからはじめていいかわからない人へのアドバイスは、「昔からあるブランドのものを試すといい」ということ。プロのたしかな「鼻」によってつくりだされたものだからね。たしかな「鼻」をもったプロたちは、匂いの芸術を生みだすマイスターで、卓越した嗅覚、フレグランスをつくりだす才能、評価する能力をすべてもっている。

香水を買いに出かけてサンプルをもらったら、パフューマリーや百貨店の香水売り場ではなく、ぜひ自宅に戻って香りを試してみてほしい。フレグランスを正しく評価するためには、「匂いのないところ」が必要だからね。

最後に、香水は、あなたがそれをつけてこそ香るものだということを覚えていてほしい。誰かが香りに気づくのも、その香水をつけているあなたのそばにいるから。だからあなたがつけていて心地いいものを選んでほしい。

「自分を象徴する香り」を見つけるヒント

パリのバショーモン通りに《ノーズ》という名のすばらしい店があります。もしあなたがパリに行くなら、ぜひ足を運んでみてください。

店のコンセプトは、顧客ひとりひとりが自分の「シグネチャーセント（自分を象徴する香り）」を見つける手助けをするというもの。熟練の「鼻」の導きのもと、自分にぴったりな香水を探すことができます。

《ノーズ》の共同創業者ニコラ・クルティエは、香水初心者にとっても、上級者にとっても、いい先生になってくれることでしょう。こんなことを教えてもらいました。

《ノーズ》共同創業者、ニコラ・クルティエの話

たいていの女性は、自分の好きな香り、嫌いな香りがわかっている気になっている。だが、パフューム診断のためにやってきた女性が使っている香水にパチョリ（シソ科ミズトラノオ属の植物で、古くから料理や漢方の材料として親しまれてきた）が入っているとわかると、「まあ、イヤだ、パチョリ大嫌いなのに！」という女性が多い。お気に入りの香水の主成分がパチョリだということに、まったく気づいていなかったんだ。

そう、「自分がどんな香りが好きなのか」ほんとうはよくわかっていないことが多い。香水に関する情報はとても複雑でわかりづらいし、香水は奥が深いから、「なにがほんとうに好きかか」はなかなか判断しづらいものなんだ。まずは「パフューム診断」を受けるのがいちばんだね。

香水は、昔よりもバラエティーが豊富になった。新しい香水を選ぶためには、「7つの嗅覚ファミリー」のどれが自分にとってベストかを知る必要がある。

15歳から24歳のあいだの女性は、「フローラル／フルーティ」のカテゴリーを好む

ことが多い。

25歳から44歳の女性になると、「ムスク」など、動物由来のよりヘビーな香料を求める。

そして、45歳以上の女性は、「フローラル」のノートに回帰する傾向がある（これは、メイクにもいえること。女性は年齢を重ねるにつれてメイクも軽くなっていく、というのがわたしの持論です）。


香水を選ぶときには、いくつかの基本を知っておくといいよ。

香水を試香紙（ムエット）か自分の手首につけたとき、まず香るのが「トップノート」で、グリーンノートとスパイシーノートがある。2、3分後に香るのが「ミドルノート」。多くはフローラル。そして5、10、あるいは15分後に香るのが「ベースノート」。

調香は化学反応。分子のサイズがなによりも大事で、ベースノートが消えるまでに長い時間がかかるのは、分子のサイズが大きくて重いから。これが、十分に香り立つまでに15分間かかる理由でもある。

きちんと香りを理解するには、「時間」が必要だ。試香紙に吹きつけてデスクに置き、しばらく待つ。すると、トップ／ミドル／ベースノートが織りなす最高のシグネチャーセントがわかるはずだ。それをそのままにして翌日まで待ってからかいでみる。香りに呼吸をさせることも大事だからね。

とはいえ、香水をかいでみたときの「直感」も大切。先入観を抱かずにいれば、自分でもびっくりするような決断ができるかもしれないよ。

ニコラと話したあと、店を出てあたりをブラブラしていると、時おり、とてもいい香りが手首から立ちのぼるのを感じました。そのあと、母と祖母に会って、好きな香水、ぜひ試してみたい香水の話で盛りあがりました。

わたしたちは香水のことなら、何時間でも夢中で話しつづけることができるのです。

Epilogue

おわりに

褒めること、褒められることをおそれないで

わたしたちは、なにによって自信をもつのでしょう？　ほかの人から向けられる称賛のまなざし？　それとも、たったひとりの大事な人の視線？　それとも、自分自身？

出会う人から向けられる称賛のまなざしに影響されるのは自然なこと。でも、「自分で自分の美しさを慈しむこと」も大切です。それができれば、気分がずっとよくなります。


フランスでは、男性が女性の美しさを積極的に愛そうとするので、フランスの女性は幸せです。フランスの男性は、女性を愛します。女性を見つめることも好きです。男性優位の男女差別的な視線ではありません。心からの称賛が込められた視線です。

フランス女性も、美しさが自分たちの努力だけでなされているとは思っていません。男

性が、香水や口紅、エレガントなスカート、あるいはすてきな靴に気づいてくれることをよろこび、感謝もしています。男性の友人たちは、とても上手に女性を褒めてくれます。その褒め言葉がわたしたちの自信につながるのです。

男性はえてして、女性が「自分の弱点」だと考えているところを好きになる、ということを覚えておいてください。

隙のない完璧さは男性を怖がらせます。男性が女性を見てすばらしいと思うところは、女性が自分自身を見て、あるいは女性同士がお互いを見て（たいてい、男性よりかなり厳しい目で見ます）思うところとは、かなり違うのです。

ロレアル リュクス事業本部ゼネラルマネージャー代理のシリル・チャプイの発言からも、フランス流の女性に対する姿勢がどのようなものかが見えてくるでしょう。

「わたしの世界は、あなたたち女性なくしては存在しえない。最初の日からわたしはあなた方に慰められてきた。そして、毎日違った面——自信に満ちた姿、挑戦する姿、不安そうな姿、誘惑する姿、感情的な姿、知性あふれる姿、寛容な姿——を見せられ、今でもあなた方が刺激とひらめきの源でありつづけている。あなた方のきらめき、弱さ、そして美しさがなければ、わたしの毎日はわびしく退屈なものになるだろう。あなた方の美しさこそ、わたしの情熱の源なのです」

あなたはとても美しい

ある程度の「不完全さ」が魅力になるとわたしは信じています。

生まれもった容姿を大きく変えても、けっしていいことにはなりません。むしろ、ひどくこわばったものになってしまうことを、あなたも内心ではわかっているでしょう。ほんとうのあなたではなくなってしまうのです。

ほんとうの自分に自信をもつことが、人を惹きつける魅力になり、やさしさになります。

フランス女性は、「ほんとうの自分を見せること」を恐れません。ほかのだれかになろうとはしません。「自分の個性を示すこと」を恐れないのです。

天から与えられたもので人生を謳歌し、それを最大限に活用します。変化を、年齢とともに上昇する経験値ととらえ、財産にするのです。

ほかの人からの称賛を求めるのと同じくらい、自分自身を褒めましょう。そうすれば、自分の容姿に対する迷いがなくなり、落ち着きを得られます。

幸せに過ごすバランスを見つけましょう。もっと自分自身を大切にしなければいけません。

最近、母が言いました。

「フランスの女性は、年をとるということに比較的寛容よね。賢く年を重ねるというのは、自分の弱点を引き受けながら進み続けるということ。自制心をもって加齢のペースと歩調を合わせて生きれば、『時間の流れなんて恐れることはない！』と若い世代にポジティブなメッセージを送ることもできるはず。ケアやテクニックだけではない、そういう視点で『美』について考えると、ちっとも表面的なものじゃないってわかるわ。美しさは、欠かすことのできないものなのよ」

この本が、読んでくれたすべての女性の役に立ち、紹介したアドバイスやツールが日々のルーティンにささやかな変化をもたらすことを、そしてみなさんが日々、自分の美しさを感じながら過ごせることを願っています。

レジーヌ、ロレーヌ、そしてクレマンスより

謝辞

ここでようやく、わたしのまわりの人びと全員にお礼を言えるときがきました。

愛するわたしの家族の女性たち、みんなにありがとう。

姉ラファエルに、特別な感謝を。あなたがいたから、この本は生まれたのです！

いつもわたしにひらめきをくれる祖母と母にも感謝します。そしてもちろん、この本を書きあげようとするやる気をくれたわたしの娘にも。娘は、今では家族から「美」に関するアドバイス80年分を託されました。

わたしの夫、ウィリアム。いついかなるときも、励まし、支えてくれてありがとう。

わたしの父と兄も、たえずわたしの励みとなってくれました。

わたしのエージェント、カースティン・ノイハウスに。本を執筆するなんて思いもしませんでした。あなたがわたしを見つけてくれて、こんなすばらしい機会をくれました。

セント・マーティンス・プレス出版社とそのチームに。

わたしの執筆のパートナー、カレン・モーリンに。

わたしに刺激をくれた、パリ、ロンドン、ジュネーブ、ニューヨーク、マイアミ、そしてサンフランシスコの友人たちに、そしてベアトリスに感謝を。わたしとオフィスを分かち合い、これまでほんとうにたくさんの場面で助けてくれました。

通訳者兼コピーエディターの働きは、天下一品でした！　ありがとう、フランソワーズ・ハートマン、雑誌と書籍両方の出典を調べてくれたあなたは、素晴らしい知識の泉でした。試験の合間に時間を割いてくれたパロマ・パークスにも、ありがとう。

編集と本のいくつかの要旨の翻訳を担当してくれた《ワード・ギーク・ドランスレーション》のダニエル・ワッサーマンに謝意を表します。編集チームに加わってくれたリサ・デュポンにも感謝します。あなたはいつも、トンネルを抜けた先の光をわたしに示してくれました。

このプロジェクトのあいだ、大いに助けてくれたさらなる家族のメンバーに、メルシ。本の発売にあたり、タイトルについて専門的なアドバイスをくれたテッドとディニにも。ヤニックとクロエは、本のカバー写真撮影で、家を快く開放してくれました。

わたしたち3人の写真を撮影してくれた、写真家のパメラ・ベルコビッチに感謝します。ヘアドレッサーのジャン＝リュック・キャポン、わたしのヘアとメイクをしてくれたジュリアン・シャルリエ、ロレーヌとレジーヌのヘアとメイクを担当したカリタのモンターニュ店のクリスティーヌとバスティアンにも。

すべての女性たちに向けたすばらしい「美」のアドバイスと時間を惜しみなく提供し、

この本に貢献してくれたすべての専門家たちに、感謝の意を表します。ジャック・ポルジュ、テリー・ド・ギュンツブルク、ドクター・セルジュ・オーティエ、ドクター・ジョルジュ・ムートン（gmouton.com）、ニコラ・クルティエ、アメリ・ドゥ・ブルボン・パルマ、ニコル・デスノエ、イザベル・ベリス（isabellebellis.com）、ジョエル・シオッコ、カリタのクリスティーヌ、ミュリエル・ボーラン、エリザベート・ブアダーナ（たくさんのメルシー！）、オディール・モーエン、ドミニク・モワイヤル、ブリュノ・ベルナール、ダヴィッド・マレ、クリストフ・ロバン、ベアトリス・ロシェル、シルヴィ・フェラーリ、コレット・パングール、クリストフ・マルシュソー（excellencedessens.com）、クレール・ボーセ、ベアトリス・アラポグルー（別名ＢＡ）、ドクター・ハゴップ・アラジャジアン（ＤＣ）、マルティヌ・ドゥ・リシュヴィル（martinedericheville.com）、オリヴィエ・エショードゥメゾン、ドクター・フィリップ・アルーシュ（biologique-recherche.com）、ドクター・アナ C・クリーガー、フィリップ・シモナン（nutriscienceclinic.com）、デルフィーヌ・プリュドム（institut-francoise-morice.fr）、カロリーヌ・メリニャック（orthopedie-meyrignac.fr）、バスティアン・ゴンザレス（bastiengonzalez.com）、ファティマ・ゼグラニ、エレーヌ・ヴェベール、アベンヌのチーム、ドクター・バルバラ・ゲジ、プリスカ・クルタン＝クラランス、フレデリック・フェッカイ、ドクター・ジャン＝ピエール・ティトン、ダニエラ・ベッカリア－ブラメー（anamaya.co.uk）、マリー＝フランソワーズ・ストゥール（24sevres.com）、ドクター・カトリーヌ・ブレモン＝ヴェイユとドクター・ソフィ・ラグラン、カーメル・オニール（therenewspa.com）に。《フレンチ・インスティテュート・アリアンス・フランセーズ》のマリー＝モニク・ステッケルと彼女のチームは、いつもわたしの仕事をサポートしてくれました。

レジーヌ、ロレーヌ、そしてイザベル・アジャーニの写真について、アーヴィング・ペン財団法人、ギィ・ブルダンのご家族、ジャン＝ダニエル・ロリュー、エスティローダー・グループ、クルタン＝クラランス家、そしてクリスチャン・ディオールのコミュニケーションチーム、みなさんに御礼申し上げます。プリュヌ・シレリ、イラストを描いてくれてありがとう。

　そして、もち《ビアン》ろん《シュール》、ニューヨークでお会いしたエキスパートたち全員に心から感謝します。シュ ルソー、サリーサロンのサリー、ジュリアン・ファレル・サロンのチーム、リニュースパのカーメル・オニール、サブリナ、イザベル・ベリス、エリカブルームスタジオのチーム、キャサリン・グレイナー、ラパルトマン・コーダリースパのダフネ、そしてアイーダ・ビツァイに。

著者

付録

[出典／購入可能なオンライン]

amazon.com
thedetoxmarket.com
dermstore.com
neimanmarcus.com
bigelowchemists.com
credobeauty.com
net-a-porter.com
shen-beauty.com
capbeauty.com
sephora.com
bergdorfgoodman.com
beautyhabit.com

[フランスビューティブランド]

（これらのブランドの製品は、オンラインで購入できます）

aveneusa.com
laroche-posay.us
lorealparisusa.com
joelle-ciocco.com
ingridmillet.com
leonorgreyl-usa.com
christopherobin.com
david-mallett.com
kurebazaar.com
bastiengonzalez.com
carita.com

参考文献

Bailly, Sylvie. *Des siècles de beauté – Entre séduction et politique*. Paris: Editions Jourdan, 2014.

Bona, Dominique. *Colette et les siennes*. Paris: Editions Grasset, 2017.

Bonilla, Laure-Emmanuelle. *100 ans de coiffure*. France: Editions Prat, 2009.

Chahine Nathalie, Catherine Jazdzewski, Marie-Pierre Lan-nelongue, Francoise Mohrt, Fabienne Rousso, and Francine Vormese. *Beauté du siècle*. Paris: Editions Assouline, 2000.

Fitoussi, Michèle. *Helena Rubinstein: La femme qui inventa la beauté*. Paris: Editions Grasset, 2010.

To William, Anaïs, and Lucas,

les ADMV

訳者あとがき

花の都パリ。その中心にある広々としたコンコルド広場、セーヌ河を見わたすオテル・ドゥ・クリヨンの窓辺、ゲランをはじめとする有名ブランドが店をかまえる華やかなシャンゼリゼ通り……。

本書『フランス式　美の流儀』を読むと、パリの街角が目に浮かびます。バルコニーの錬鉄製の装飾が美しい、白い石造りの建物が立ち並ぶ表通り。そんな街角でよく見かける緑十字の奥ゆかしい看板は、そこが薬局（ファルマシー）であることを示しています。一見すると地元密着型の小さな処方箋薬局といった雰囲気ですが、じつは、そうしたかわいらしいファルマシーが、フランス人（とくに女性）の日常的な美しさを支えるフレンチビューティの殿堂なのです。

そして、もうひとつの美の発信地となっているのが、ビューティサロンです。石造りの建物がびっしりと肩を並べるパリの街並みには、建物の向こう側がどのようになっているかを覗き込めるスペースはありません。ビューティサロンはそんな街並みに隠されています。ひとたびその入り口をくぐりぬけて奥に進むと、緑豊かな中庭が広がっていて、表通りの喧騒からは想像もつかない大都会のオアシスです。プラタナスやマロニエの木々がかわいらしい花をつけ、青々と葉を繁らせています。その葉を揺らすさわやかな風が吹きこむ窓辺で、熟練した「美」のプロによってビューティトリートメントをほどこされるのは、いったいどんな気持ちでしょう？　想像してみるだけで幸せな気分になります。

洗練された内装や、色とりどりの化粧品、時おり遠くに聞こえる車のクラクションが、空間の静けさを強調します。そしてなんといっても、すてきな香り。うっとりとするような魅惑的な香りに包まれたサロンは、その場にいるだけで心がやすらぎ、最高の幸せを感じさせてくれます。

本書を読むと、あらゆる感覚を刺激する極上のフレンチビューティを、誰でも体感できます。毎日の生活のなかにそのテクニックを取り入れ、自分で実践するためのさまざまな方法やグッズが紹介されているからです。

本書の著者であるクレマンス・フォン・ミフリングは、パリで生まれ育ち、愛する人と出会ってニューヨークに移り住みますが、アメリカ人の「美」に対する姿勢がフランス人のそれと大きく異なることに衝撃を受けます。健やかさと美しさが密接につながっているフランス人の美に対する流儀を、アメリカの人々にもっと知ってもらいたいという使命感から立ちあげたのが、《ビューティ&ウェルビーイング》というオンラインマガジンです。

オンラインマガジンでの経験と、世界的なファッション雑誌『ヴォーグ』でビューティエディターを務めたことのある祖母や母から受け継いだ知識をもとに執筆したのが本書です。

本書の不思議なところは、書籍であるにもかかわらず、言葉では言い表せない香りが全編に漂っていることです。冒頭から終わりまで、そして終わりに近づけば近づくほど、その香りは芳醇さをたたえ、濃厚になっていくような気がします。

日本人も古来、「香り」を大切な情報源として扱ってきました。それはたとえば、『古今和歌集』の「色よりも香こそあはれと思ほゆれ　たが袖触れし宿の梅ぞも」といった歌からもわかります。だからこそ、香りも含めて緻密な計算がなされた、独特な魅力を放つフレンチコスメに、わたしたち日本人は強いあこがれを抱き、胸をときめかせるのかもしれません。

また、翻訳していて感じたのは、フランスと日本の共通点は香りに限ったことではないということです。食事、生活習慣、そして「美」に対する考え方や意識がとてもよく似ています。ですから、ここに書かれていることは、日本の多くの読者にも共感してもらえると思います。

読者のみなさんも、ささいなこと、自分でできることからはじめてみてはいかがでしょうか。やらなければいつまでもゼロですが、ちょっとしたことでも、積み重ねればいつか大きな変化につながるはずです。

それにしても、ビューティに関するテクニックしかり、化粧品やコスメの機能しかり、ほんとうに便利な時代になりました。著者の祖母のマダム・レジーヌが若かりしころは、いまのような抜群のカバー力を発揮するファンデーションはなく、「パンケーキ」と呼ばれるおしろいを厚塗りしていました。顔を彩るチークもブロンザーもなかったそうです。アイメイクにしても、現在のようなリキッドタイプのアイライナーは存在しなかったので、太いペンシルを使いこなしていたようです。マスカラにいたっては、ただの圧縮された黒い塊で、それを唾液で溶かしてメイク用ブラシでつけていたとか。

便利になったのは、化粧品やコスメだけではありません。インターネットの発達で、これまで日本では手に入らなかったものが手軽に購入できるようになりました。

本書で紹介されている商品のほぼ9割は、なんらかの方法で日本でも購入できます。アベンヌやクラランスなどの有名どころは、百貨店での出店や代理店がありますし、その他の多くのブランドも日本語の公式ホームページがありますので、そこで購入が可能です。

また最近では、取り扱い店舗や独自のホームページがなくても、多くのコスメが化粧品通販サイトで入手できます。驚いたのは、ハンガリーのブダペスト発のスキンケア商品、オモロヴィッツァの〈ターマルクレンジングバーム〉（ハンガリー湿原の泥シルトが含まれています）も買えること。

いまや、日本にいても世界じゅうの「美」が手に入る時代です。これまで愛用してきた製品が本書に掲載されていて、自分の目に間違いはなかったとうなずく読者もいるでしょう。また、新たな出会いを求めて新しい製品の探求に乗りだす読者もいるかもしれません。たとえ買わなかったとしても、各ブランドが趣向を凝らした化粧品やコスメのパッケージを見ているだけでも楽しいものです。ぜひ、フレンチビューティの世界をお楽しみください。

最後に、丁寧な編集作業をしてくださったサンマーク出版の桑島暁子さんと、本書を訳す機会を与えてくださり、貴重な助言をいただいた翻訳会社リベルの皆さまに厚くお礼を申し上げます。

春田純子

AGELESS BEAUTY THE FRENCH WAY:
Secrets from Three Generations of French Beauty Editors
by Clémence von Mueffling

［著者］

クレマンス・フォン・ミフリング

Clémence von Muefling

ビューティジャーナリスト、オンラインマガジン《ビューティ＆ウェルビーイング（BWB）》編集長。仏パリ生まれ、パリ育ち。パリ＝ドフィーヌ大学、名門ESCP-EAPビジネススクールのオックスフォード、マドリード、パリのキャンパスで、それぞれ１年間、経済学と財政学を学ぶ。パリで経営学学位課程を修了したのち、クラランス、プーチ、ディオールのマーケティング部門で活躍。2007年に米ニューヨークに活動の場を移し、2014年にオンラインマガジン《ビューティ＆ウェルビーイング（BWB）》を立ち上げ、高い評価を得ている。祖母レジーヌ・ディブリーと母ロレーヌ・ボローレも、ともに『ヴォーグ』でビューティエディターとして活動し、功績を残した。三世代のビューティエディターの知恵と、トップ美容専門家からのアドバイスを織り交ぜたビューティガイドである、本書『フランス式　美の流儀（原題：AGELESS BEAUTY THE FRENCH WAY）』がデビュー作。現在は、米ニューヨークにて、夫と双子の子どもと暮らしている。

beautyandwellbeing.com

［訳者］

春田純子

はるた・じゅんこ

英語翻訳者。青山学院女子短期大学英文学科卒。訳書に『ディズニー 365日毎日アナと雪の女王　1月～6月のおはなし』（学研プラス、共訳）がある。

装　　丁　轡田昭彦+坪井朋子
写　　真　©Pamela Berkovic
翻訳協力　リベル
校　　閲　鷗来堂
編　　集　桑島暁子（サンマーク出版）

フランス式　美の流儀

2020年４月１日　初版印刷
2020年４月10日　初版発行

著　　者　クレマンス・フォン・ミフリング
訳　　者　春田純子
発 行 人　植木宣隆
発 行 所　株式会社サンマーク出版
〒169-0075 東京都新宿区高田馬場 2-16-11
☎03-5272-3166

印刷・製本　株式会社暁印刷

ISBN 978-4-7631-3772-2 C0030
サンマーク出版ホームページ　https://www.sunmark.co.jp